実話忌譚
怪口伝

緒方あきら

竹書房
怪談
文庫

目次

※本書に登場する人物名は、様々な事情を考慮してすべて仮名にしてあります。また、作中に登場する体験者の記憶と体験当時の世相を鑑み、極力当時の様相を再現するよう心がけています。現代においては若干耳慣れない言葉・表記が登場する場合がありますが、これらは差別・侮蔑を意図する考えに基づくものではありません。

楽しかった？

都内で看護系の仕事に携わる朱美さんの話。

その日、朱美さんは残業になってしまい一人で駅から自宅への夜道を歩いていた。

道は薄暗く街灯もあまり多くない、寂しい通りだ。


「あの時間にここを通るのは元々いやで、早足で歩いてたんだけど」

自分の足音と息遣いだけが聞こえる静寂の空間。

周りに注意を払いながら歩いていた朱美さんは、ふとある事に気が付いた。


——足音が、増えている。

耳を澄ます。

後ろから、誰かが朱美さんの後をついてきている。

固い、革靴のようなものが地面に当たる音。

その音が、ぴったりと朱美さんの後ろを追いかけてくるのだ。

「最初は思い過ごしかなって考えたんだけど、進むペースも一緒だしずっとついてくるから、これはまずいかもって思ったの」


どこかで曲がるか。しかし曲がった先にはより細い路地しかない。

コンビニなど明るい場所は遠回りになる。

そのうえコンビニに逃げても出てくるまで待たれてしまえば時間が無駄なだけだ。

だからと言って、今の段階では警察に何か相談できるようなものでもない。

駆けだせば、向こうも走り出してくるかもしれない。

後ろからついてくる足音は力強い男性のものに思えた。

ヒールの自分では、駆けてもとても逃げきれないだろう。

思案を巡らせた朱美さんは、とにかく歩調を変えず進みながら電話をする事にした。

この時間なら空いているはずの友人に心当たりがあったのも幸いした。

「もしもし、うん、私だけど……」

後ろからついてくる気配には触れず、なるべく大きな声で世間話をする。

そうしながらも、後ろのついてくる影は居なくなる事はない。

さりげなく後ろを窺うと、そこで朱美さんは奇妙な事に気が付いた。

「影がね、揺れてるの。酔っ払いが頭をフラフラさせるような揺れ方じゃない。ろうそくが風に吹かれているような、全身がグネグネと揺れていて……」


それを見て、朱美さんは咄嗟にこれは良くないものだと思い至った。

不審者じゃないかと思っていた怯えは、得体の知れないものに追われる恐怖に変わる。

こういうものは相手にしない方が良いと思った朱美さんは、とにかく自分の住むマンションの前まで電話をしてやり過ごした。

マンションまでの通いなれた道が、とても遠く感じられた。

受話器の向こうでは、聞きなれた友人の話し声。

けれど、その向こう側から機械のように正確な足音がついてきている。

気持ちが折れてしまわないように、朱美さんは懸命に明るく振る舞った。

やがて、マンションの玄関の明かりが見えてきた頃、影は消え失せていた。

朱美さんは安心して、友人に事情を話し、礼を告げて通話を切った。

――早く部屋に帰ってゆっくりしよう。

そう考えた朱美さんの耳元に男の低く、くぐもった声が響いた。

『電話、楽しかった？』

息を飲んで立ちすくむ朱美さんの前で、朱美さんの足元から出た影がずるりと彼女の住むマンションの中に入っていった。

朱美さんはしばらく立ち尽くした後、再び友人に電話をかけ、一日泊めて貰う事にした。

翌朝、朱美さんは仕事の前に着替えや準備のため自宅に帰ったが、特に異変はなかった。

「何もなかったって言っても起きた事が起きた事だから、割り切れなくってさ。自分の家でまで怯えて暮らしたくないから、さっさと引っ越しちゃったんだ」

今住んでいる場所ではそういった怪現象に襲われる事はないそうだ。
ただその事件があってからは、できるだけ明るい帰り道を選んでいるそうだ。
それでも、朱美さんはどうしても後ろが気になってしまうという。

（二〇二二年　七月二十一日　麹町にて採話）

こっち

自動車関連の仕事をしている木崎さんの話。

まだ木崎さんが子供の頃の体験談である。

木崎さんは生まれつき、人より少し身体が弱かった。

我が子の身体の事を考えた木崎さんの両親は、都会で過ごすよりも、自然豊かで空気が綺麗な場所で生活した方が木崎さんのためになるだろうと判断した。

そして、学校の長期休暇のたびに木崎さんを父方の祖父の住む田舎へ預けていたのだ。

木崎さんが中学生になるまで、その習慣は続いたという。


小学校三年生の時、毎年のように夏休みになって祖父の家に滞在していた時の事。

村ではお葬式があり、木崎さんの祖父は幼い木崎さんを連れて参列しに行った。

木崎さんにとってはまるで知らない他人の家で、身の置き所がない心地だった。

あてもなく家をウロウロしては叱られて、木崎さんは仕方なく玄関の方に向かった。

家を出て玄関の前でぼうっとしていると、一人の女の子に出会う。

肌が白く目が黒い宝石のようで、人形を思わせる子だ。

もう夜だったので、木崎さんはこの子も連れられてきた子なのだろうと思ったそうだ。


「何をしているの？　と話しかけられて、そこから子供なりに仲良くなれたと思います」

木崎さんの祖父は村でも地域の活動の会長をしていて、村の通夜や葬式にはよく呼ばれていた。木崎さんもまた連れられて色々な家に行ったが、そのたびに女の子と出会い、一緒に遊ぶようになっていく。

「その子とは夏休みの間に何度か会って、会うと一緒に遊んでいた記憶があります。ただ、今となってはどんな遊びをして、その時何を話していたのかはほとんど思い出せないんです」

木崎さんが唯一はっきりと覚えているのは、葬儀のために出かけて行った先の近くの河原で女の子に言われた「いつかこっちに遊びに来てね」という言葉だった。

こっち、というのがよくわからなかったが、木崎さんは女の子の家の事だろうと解釈して、遊びに行くよと約束を交わした。


夏の終わり、あと数日で実家に帰るという日の夜も、木崎さんは女の子と遊んでいた。

川の土手沿いにある、階段のそばだったという。

しばらく遊んだ後、木崎さんは女の子にもうすぐ自分の家に帰る事を告げる。

するとニコニコと遊んでいた女の子が急に真顔になり「どうして？　こっちに遊びに来てくれるって約束したよね」と静かな声で言った。

木崎さんは戸惑った。

確かにそういう約束をしたのは覚えている。

けれど、女の子と遊ぶ日は決まって夕方から夜、外で遊んでいたのだ。

女の子の家に遊びに来るように誘われた事は一度もない。

だから彼女の言う「こっち」には行きようがないと思っていた。

困った顔で女の子を見つめる木崎さん。

不意に、彼女は木崎さんを階段から突き落とした。

木崎さんは突然の事に抵抗もできず、そのまま階段を転がり落ちていった。

気絶してしまったらしく、その後の事はよく覚えていない。

目を覚ました時には祖父の家で、木崎さんは村の医師に診察をして貰った後のようだった。

身体中に包帯を巻かれたりバンドエイドが貼られている。

全身が痛んだが幸い骨折はしておらず、擦り傷と切り傷、それに捻挫程度で済んだ。

祖父が言うには、木崎さんは階段の上で一人で遊んでいた所、足を踏み外して転落したらしいと聞かされた。

木崎さんが女の子と遊んでいた事を告げると、祖父が詳しく事情を聞いてくる。

記憶を頼りに知っている事……髪型や服装、背格好などを伝えると、祖父も周囲の大人も首を捻った。

「特徴を聞いてもどこの子かもわからないし、僕が誰かと一緒に遊んでいる所を見た事はないって口を揃えて言うんです。あんなに何回も遊んでいたのに、不思議ですよね」

誰も、その女の子の事は知らないと言う。

しかし、確かに木崎さんはこの夏の間、何度も女の子と遊んでいた。

木崎さんはわけのわからないまましばらく静養し、予定よりも一週間ほど遅れて都会の実家に帰る事になった。


帰りの日、木崎さんを祖父が車で駅まで送ってくれた。

地元へ帰る電車に揺られ、その振動でウトウトしていると急に隣に誰かの気配がした。

微睡《まどろ》みかけた視界をあげると、木崎さんのすぐ耳元であの女の子の声がする。

——どうしてこっちに来てくれなかったの？

木崎さんは慌てて周囲を見回したが、自分の座るボックス席には誰も見つける事ができなかった。


後々、木崎さんにはいくつかわかった事がある。

木崎さんが怪我をした夏は、村ではやけに葬式が多かった事。

そして木崎さんが女の子と遊んでいたのは祖父母が忙しい、通夜か葬式のある日だった事。

ただ、あの女の子がどんな存在だったのかは、未だにわからない。

「僕が行くはずだった『こっち』っていうのがどこの事なのか、今もわかりません。でもあの子と会ったのは不幸があった時だけって考えると……どうしてもぞっとしてしまいますね」

（二〇二二年　八月十二日　横浜にて採話）

縁切り神社

かつて埼玉で事務員をしていた美琴さんの話。

美琴さんはある日、突然右目の視力が落ちていった。

最初はあまり気にしていなかったが、瞬く間に視力は悪化していき、やがて景色に黒い点が見えるようになり眼科を受診する事にした。

診察した医師の話では眼球や網膜に異常は見られないという話であった。

けれど美琴さんの右目の視界は曇っていくばかりである。

「症状を話したら、先生はその見えなくなり方は緑内障に近いって言うんです。それでそっちの検査もしたんですけど、やっぱり何も原因がわからなくて」

美琴さんの右目の視界は狭まっていく。

しかし何度検査しても異常は見つからず、何もおかしなところはないと医師も首を捻るばかり。

視界の悪化は止まらず、ついに美琴さんは右目を失明してしまった。

それを機に仕事も退職し、今は片目の日常生活に慣れる事に全力を注いでいる。


「それで、何がいけなかったのかなって自分なりに考えたんです」

美琴さんが右の瞼を指でなぞって言った。

「実は視界に異常が出てくる数日前に、とても効果があるって聞いた都内の縁切り神社に行っていたんです。しつこい元カレがいて、どうしても縁を切りたかったもので」

友達と一緒に行ったんですよ、と美琴さんは言う。

「元カレとは、視界が悪くなるゴタゴタの間にすっぱり縁が切れました。だから、縁切り神社も効果があるんだなって思ってたんですけど……気付いちゃったんです」

美琴さんが言うには、元カレと付き合っていた当時、彼はいつも美琴さんの右側を歩き、右側に座っていた。特に理由はなかったが、彼の定位置は常に美琴さんの右側だったのだ。

美琴さんの右目には、常に元カレが映り込んでいた。

「だからこの眼も、縁切り神社の力なのかなって……。ああいうところって調べてみたら物凄いパワーが宿っているって話で。一緒に行った友達にも不幸があったんです。行っちゃいけない場所だったのかなって」

幸い美琴さんの左目は非常に視力が良く、片目で過ごす日常生活にも支障はないという。

左目でじっと私を見た美琴さんが、呟くように言った。

「縁切り神社にはくれぐれも迂闊に行かないようにって。そう伝えて頂けたらと思います」


（二〇二二年　七月二十一日　麹町にて採話）

展覧会の夜

西澤さんは美術大学に通う四年生だ。

ある時、西澤さんは友人たちとお金を出し合って、絵画の展覧会を開く事にした。

「僕らももうすぐ卒業ですし、思い出作りには良いかなって思って」

西澤さんたちは銀座の雑居ビルの一角にある、小さな画廊を借りた。

宣伝のチラシも学校の中とビルの狭い受け付けの脇に置いただけの、ささやかなものである。

展覧会当日も、画廊は大して賑わう事はなかった。

出展者の友人たちが連れ立って来るものの、一通り見ればすぐに帰っていく。

画廊の受け付けを担当していた西澤さんとしてもそれは予想していた事であり、画廊の雰囲気とそこに並んだ自分たちの絵を見てぼんやりと楽しんでいた。

耳を澄ませば微かに銀座の喧騒が聞こえてくるような、静かな夜だ。

展覧会場のお客さんが誰もいなくなった折、一人の女性が受け付けにやってきた。

黒のロングヘアーに金髪のメッシュがいくつも入っている、派手な女性だ。

耳もそこらじゅうにピアスが開いており、黒いドレスのような服に身を包んでいる。

——誰かの彼女かな？

美術大学には個性的な恰好の生徒も多かったので、西澤さんは彼女も学校の関係者だろうと思ったそうだ。

女性は展示会場に入ると、ひとつひとつ丁寧に展示された絵を覗き込んでいく。

時には絵の前で足を止め、手を伸ばしてまるで絵に語りかけるような仕草もしている。

「本当に熱心に見ていまして。僕としてはやっぱり、お付き合いで来るだけの人よりちゃんと見てくれる人の方が嬉しかったですね」

やがて、熱心に絵を見ていた女性は西澤さんに一礼して去っていった。

あんなに見てくれるなんて、自分たちの絵も捨てたものじゃない。

そんな事を考えながら、西澤さんは再び無人になった展覧会場を歩いて回った。

あの女性が一際熱心に見ていたのは誰の絵だったのか、気になったのだ。

——確かこの辺りで足を止めていたはずだけど。

思い当たる場所に行き、いくつかの絵を見て回る。

すると、展示されている絵の中に真っ白な何も描かれていない展示品があった。

西澤さんの記憶では、ここには友人の女性が彼氏をモデルにした絵を飾っていたはずである。

絵の下の小さなプレートには『想い人』とタイトルもある。間違いないだろう。

首を捻った西澤さんは、絵を描いた友人に電話で確認をする。

電話に出た友人も確かに恋人を描いたと言っていた。

事の次第を伝えると、友人は不安になり恋人に連絡を取ってみると言ったが、すぐに西澤さんに折り返しの連絡が来た。

友人が言うには、彼氏と連絡が取れないらしい。

慌てる友人を「何か用事があって電話に出られないだけかもしれない」と宥めたものの、

白紙になった絵の跡を見て、西澤さんは言い知れぬ不安に襲われた。


結局、それっきり友人は恋人と連絡が取れていない。

友人の話では、恋人は家にも不在でバイト先も無断欠勤が続いていた。

家族にも連絡が取れず、最終的には失踪という形になったのだという。

友人は泣いていたが、西澤さんにも他の仲間にも、慰める言葉は見つからない。

「それで、絵が消える事について色々人に当たってみたんですが……」

西澤さんが絵が消える現象を探っていたところ、ひとつの噂にたどり着いた。

展示会などで、絵を食うと言われている女の話だ。

その女は、展示会にふらりと現れては、絵画のなかの食べ物を食して行ってしまうらしい。

そして、絵の中には食べ物が消えた形で他の風景だけが残るのだ。

しかし今回消えてしまったのは、人である。

それに関しては、噂を話してくれた人も難しい顔をするばかりであった。

それからというもの、西澤さんたちは実在の人物を絵のモデルとして展示する事を辞めた。

デッサンなどで描いたものも、慎重に個人か学校の倉庫で管理している。

消えてしまった男性は、未だに音信不通のままだという。

（二〇二二年　一月二十八日　銀座にて採話）

どこか行け

「怖いものが出たら、どこか行けって念じるようにしてたんです」

そう話すのは、兵庫でドライバーをしている阪田さんである。

阪田さんは幼い頃から、しょっちゅう金縛りに遭っていた。

それは夜に眠れそうになると頻繁に起きるもので、ずいぶんと手を焼いていたそうだ。

夜中、真っ暗な自分の部屋。自分の息遣いしか聞こえない空間。

夜更かしのくせがあった子供の頃の阪田さんが一人で床に就く。

真っ暗な部屋の中で、時計の秒針だけがうるさく響いている。

時間が重い、息が詰まりそうになる。眠れないというのはつらいものだ。

寝つきが悪く夜中まで起きている習慣ができてしまったそうだが、阪田さんいわく「眠れない眠れないと言っても、人間いつかは寝るものので」と諦めの混じった笑みで言う。

しかし、そこに金縛りである。

阪田さんの長い夜が睡眠によって終わろうとした時、決まって金縛りがやってくる。

阪田さんは金縛りに遭うと、あわてて身体を必死に動かそうと抵抗した。

それが余計に身体を興奮させ目を冴えさせた。悪循環である。

すっかり眠れなくなった阪田さんは、小さな頃から目にクマを作っていたらしい。


ある日、そんな阪田さんの様子を心配したお母さんに眠れないのかと問われると、阪田さんは寝つきが悪い事とともに夜中の金縛りについて話した。

するとお母さんは「そういう時は怖いものに、どこか行けと念じなさい」と言った。

それから、阪田さんは夜に金縛りに遭うたびにどこか行けと強く念じるようになった。

「効果があったかどうかはわかりませんが、金縛りになってから「どこか行け」と念じ続けると、しばらくすると身体が動くようになったんです」

対処法を教わった事で阪田さんの状態も安定し、金縛りには遭うものの、念じる事に意識を集中する事で前より眠りやすくなったのだという。

金縛りに遭う。どこか行けと念じる。

次第にこれが阪田さんの睡眠に就く時のルーティンになっていった。

阪田さんも頭の中ではお化けなどは信じていない。けれど実際に金縛りになっている最中は、今日こそ何か怖いものが見えてしまうのではないかと怯えていた。

そんな阪田さんに念じるという行為は定着していったのだ。


阪田さんが高校生になったある日の事。

ルーティンを終え眠りに就いた阪田さんが、夜中にパッと目が醒めてしまう。

また眠れない夜か、と半ば諦めながら暗い天井を見ていると、突然身体がガチっと固まって一切身動きがとれなくなってしまった。

声も出せず息苦しく、闇がのしかかってくるような圧迫感がある。

いつもの金縛りとは様子が違う、身動きが取れないのに震えが来るような恐ろしさ。

阪田さんは日課になっていた「どこか行け」という言葉を何度も念じ続けた。

どれくらいの時間が経っただろうか。

少しずつ季節の虫が鳴く周囲の音が聞こえ始め、指先から全身にゆっくりと感覚が戻ってくる。阪田さんは疲労と安心から、再び眠りの淵へゆっくりと落ちていった。

——これで落ち着いて眠れる。

阪田さんが穏やかな眠りに就いた、その瞬間。

全身が痛いほどに強張り、パッチリと目が醒めた。

声も一切出せない。まるでさっきの金縛りの繰り返しである。

金縛りに遭う夢を見ていて、目が醒めると金縛りに遭っていたと阪田さんは振り返った。

動かない身体をなんとかしようと抵抗するが、まるで自由が利かない。

頭だけがカッと熱くなるようで、息苦しい。

圧し掛かるような、纏わりつく眠れない時間に支配されていく。

再び、心の中で「どこか行け」と繰り返し念じる。どれほど時間が経っただろうか、阪田さんの身体に少しずつ感覚が戻っていった。

安心して眠りに落ちると、再び金縛りに遭う。

際限のない金縛りのループに陥ってしまった阪田さんは、目が醒めて身体が動かなくなるたびに強く念じていく。

——どこか行け、どこか行け、どこか行け、どこか行け。

数えただけでも五回以上は続いた金縛りの連鎖に阪田さんの心身は疲弊していった。

気が遠くなるほどの悪夢に苛まれていた阪田さんの部屋に、不意にノックの音が鳴る。

返事をできないままでいると扉が開き、お母さんが部屋に入ってきた。

その瞬間、阪田さんを襲っていた金縛りも姿を消した。

「母が言うんです、『アンタどうしたんや？　凄いうなされていて声が聞こえてきたで』って」

阪田さんが事情を説明すると、お母さんは今日は一階のリビングで寝るようにと勧めた。

リビングにはテレビもあるし、となりの部屋で両親も寝ている。

ここよりずっと良いだろうと、阪田さんもお母さんの言葉に従った。

部屋を出て、リビングにあるソファーで横になる。

良かった、これで安心して眠れる——。

気持ちがほぐれた阪田さんは、今度こそ安眠できるとウトウトし始めた。

意識を手放しそうになった矢先、再び阪田さんの全身が重い金縛りに見舞われた。

なんとかお母さんを呼ぼうと試みるが、声が出ない。身体も動かない。

阪田さんは念じるしか手段がなく、「どこか行け」と言う言葉を頭の中で繰り返し唱えた。

絡まっていた糸が、少しずつほぐれるように。

徐々に感覚を取り戻していく阪田さんの身体が、ゆっくりと持ち上がる。

気味の悪い浮遊感に包まれ、怯える気持ちで大きく息を吸ったその時。

阪田さんは、自分の部屋で目を醒ました。


混乱する意識が少しずつ平静を取り戻していく。

自分の部屋、金縛り、母の言葉、リビングのソファー。

朦朧とする幕がかかったような意識の中で、さっきまでの出来事はすべて夢だったと気付いた。

お母さんが部屋に来た事も、リビングに降りた事も、金縛りも、すべて夢の中の事。

自分はずっと部屋の中で眠っていて、目が醒めても醒めても夢の中という繰り返しを行っていたのだと気付く。

滞っていた血が動き出したように、身体が温かい。

頭ものぼせたようにぼうっとした。

阪田さんにはもう、今ここが夢か現かの区別も付かなかった。ただ、全身が汗で不快にぐっしょりと濡れていた。何もかも曖昧な世界で、汗の感触だけがリアルである。


とにかく着替えなくては。

そう考えて重たい身体をゆっくりと起こしていると、突然耳元で声がした。

——お前がどこか行け。

何もかもあやふやな世界で、その声だけがハッキリと頭の中に響き渡る。

阪田さんは全身に鳥肌を立たせ、慌てて家族のもとへ走った。

さっきまでの眠気は声を聞いた途端どこかへ飛んで行ったという。

「ループする金縛りの夢を見たのも、あんなにはっきり声を聞いたのもその一度だけでした。おかげでこっちは不眠症になりましたけどね」

疲れたようにため息を吐いた阪田さんが、頭を擦りながら言った。

何かの参考になるかもしれないから、と阪田さんがメールで実家の地図情報を送ってくれた。

しかし、アクセスしてみるとURLは無効になっていると出てしまう。

阪田さんに聞いてみても、阪田さんの方も送ったはずなのにエラーになるという。

顔を見合わせた後、阪田さんは諦めたように言った。

「きっと、どこか行けって事なんでしょうね」


（二〇二三年　一月十日　ZOOMにて採話）

母の内見

遥香さんは大学卒業後、自分が通っていた高校のある自治体の市役所に就職した。

最初は実家から通勤していたが、仕事にも慣れた頃、一人暮らしを始めようと考えた。

遥香さんは元々怖いものが好きだったので「安く住めるなら事故物件でも構わない」と思っており、不動産会社の社員さんにもその旨を話していたという。

担当してくれた女性の社員さんはとても親切で、色々な部屋を案内してくれた。

その中で、特に気に入った一部屋をふくむ三つほどの部屋に目星を付けた。

そして、せっかくだからとお母さんにも見てもらおうと考えたそうだ。

遥香さんの家は早くにお父さんが亡くなっていて、遥香さんとお母さん、弟の三人暮らしだった。

お母さんになるべく心配をかけないように、部屋を見てもらって安心してほしい。

そんな思いで、数日後の不動産屋の内見に同行してもらう事にした。


一部屋目は職場から少し遠いものの、二階の角部屋であった。

家賃が安く、外装が黄色いのも可愛らしくていいなと思っている物件だ。

案内してくれた不動産屋さんがカーテンを開けると、お母さんはすたすたとそちらに近づいていく。

窓の外はベランダになっており、見える景色は隣の敷地の空き家であった。

すでに半ば廃墟となっており、家の後ろに生えている木がむくむくと大きくなって空き家を圧迫し、こちらまで枝を張り出していた。

そのせいか部屋は窓が二方向にあるにも拘らず、うっすらと暗い。

遥香さん自身はあまり気にしていない程度の暗さだったが、お母さんは「できる事なら、ここはやめなさい」と遥香さんに告げた。

遥香さんのお母さんは幼い頃、庭で身体が半分になった男の人を見た事がある。

特に霊感が強いというわけではなさそうだというが、いわゆる勘が良く、遥香さんもお母さんのそういった勘を信用していた。

そんなお母さんの言葉に「わかった」と返事をすると、二人は次の部屋に案内された。

二つ目の部屋はメゾネットタイプの物件で、古いアパートをリフォームしたばかりである。

外観は綺麗だったが、内装は少しくたびれていた。

一部はまだ工事中で、一ヶ月後から入居できると事前に説明を受けていた部屋だ。

クローゼットの中がなぜかエジプトの壁画のような模様で、その不思議な雰囲気を遥香さんは気にいっていたのだという。

「まぁ、あなたの趣味だしいいんじゃないの」

お母さんは複雑な表情でそう告げて、部屋の中を一周した。

特に何も言われなかったなと遥香さんが安心していたが、外に出て玄関と反対側の敷地を見ていた時にお母さんの表情が曇った。

「あちらの機材は、ここを舗装する際に使うものですか？」

お母さんが指さした先の敷地の端には小さなショベルカーが止まり、その横には土嚢《どのう》のような袋がいくつも積まれている。

「はい。ここはコンクリートで舗装して、駐車場になる予定です」

と不動産屋さんは説明してくれた。

すでに工事に入っているのか、土や砂利が乱雑に積み上げられている場所もある。

遥香さんはその時、土や砂利の中に、石でできた小さな家の模型のようなものが埋まっている事に気が付いた。見るとそれは道端などでよく見かける、お地蔵様が入っている、石でできた小屋のようなものであった。

お地蔵様は見当たらなかったという。

お母さんもそれに気づいたようで、不動産屋さんが車を持ってきてくれる間、二人で待っている時に「ここもあまり良くないわね」と言った。


三つ目の部屋は、遥香さんが特に気に入っている部屋であった。

何より、家賃が格安なのだ。

不動産屋さんには「踏切に近いから家賃が安いんです」と説明されていたが、実際電車の音を聞いてみてもそれほど気にならなかったので、自分の中では第一候補となっている。

しかし遥香さんのお母さんは物件に到着すると、玄関を潜る前から眉間にしわを寄せ、部屋に入るや否や「空気が悪い」と言い放った。

日当たりも悪くなく、何より家賃の事があったので遥香さんは「ここにしようと思っているんだけど」とお母さんに相談した。

お母さんはしばらく部屋の中を見て回り、最終的にキッチンの天井を指さすと「あの染みは、何かあったのでしょうか？」と不動産屋さんに尋ねた。

確かにキッチンの、コンロとシンクのあるエリアの天井は、熟したバナナの皮のような色に変色している。一部だけは真新しい天井に張り替えられており、周囲が染みだらけなせいで、余計にそこだけが目立っている。

事前に不動産屋さんに説明されていた遥香さんが、口添えする。

「以前あった台風で雨漏りした時の染みだって。もう雨漏り部分は直ってるって、こないだ見せてもらったよ」

しかし、修復作業中に撮影した壁の写真を見せても、お母さんは険しい表情を変えない。

三部屋を見終わり「また検討します」と告げて不動産屋を出た後、帰りの車の中でお母さんは「三つ目の部屋だけはやめなさい」と遥香さんに言った。

内見中のお母さんの表情から、薄々言われるだろうなとは思っていたものの、自分の中ではお気に入りだった事もあり、遥香さんが理由を尋ねる。

「あの天井。なんだか嫌な感じがしたの。それに、一か所だけ綺麗にしてあるだなんて。まるで、そこだけ何か負荷がかかったみたいじゃない。気味が悪いわ」

お母さんの言う『天井の一か所だけ負荷がかかる』という言葉に遥香さんはあの古びた部屋で、首吊り死体がフラフラと揺れている光景を想像してしまい、結局見てきた三部屋ともやめて、別の部屋を探す事にしたのだそうだ。

結果的に小さい平屋の戸建てが見つかり、母の内見もクリアした事で、現在はその家で平穏に暮らしている。

この物件探しには後日談があるのだという。

遥香さんは先述した通り市役所に勤めているのだが、役職は庶務である。

たびたび部署の異動があり、ある時、市が運営する博物館に配属になった。

もちろん庶務という職務ゆえに展示案内などは行わないが、昼休みに学芸員さんが資料について色々と説明してくれる事もあり、楽しい職場だったそうだ。

ある時、学芸員さんが付近の村絵図を紹介してくれたので見てみると、江戸時代のものながら、とても精巧に書き込まれていて驚いた。

今現在ある道はほとんど当時と変わらず、戸数などもかなり正確に書かれている。

遥香さんが驚いていると、ほかの職員たちも興味深く資料を覗き始めた。

学芸員以外が資料に触るのはご法度なため、遥香さんたちは触れずに絵図を見ては、

「あ、私の祖母の家が載っている。こんな時代からあったんだ」

「あの角の家、立派な家だと思ってたけど江戸時代から建っているんだな」

などと観察していた。

その時、遥香さんはふと気になって、内見の時にお母さんに「ここだけはやめなさい」と言われた部屋の場所を見てみる事にした。

そこにはほかの場所では見ないようなマークが書かれている。

遥香さんは、ここはなんですか、と学芸員さんに聞いてみると彼は言った。

「ここは刑場だよ。罪人の首を落とす場所だね」

そうさらっと言った後に「あ、でもこういうのはあんまり口外しないでね。住んでる人もいるから」と付け加えた。

その後も、水道関係の課では「あそこの地区は人の出入りが激しく、契約変更が多い」という話や、農水産課で「あのあたりは花を植えてもすぐに枯れてしまう」という話があったという。

「線路や主要道路に近く、ただ単に騒音や排気ガスによる被害かもしれませんが……」

とはいえ、遥香さんは今でもお母さんの言う通りあの部屋に住まなくて良かったと思っている。

（二〇二〇年　九月六日　川崎市にて採話）

面子《めんこ》

京都でお土産屋をしている和宮さんの子供の頃の話。

当時小学生だった和宮さんの近所には、古くから建っている神社があった。

境内に大きな木があり、日陰は風通しも良く暑さをしのぐには打って付けの場所だった。

当時の子供たちは、よくそこで遊んでいたという。

和宮さんも放課後、友達と神社の境内で夕方まで遊び帰り道に就いていていた。

しかし、持ってきたトランプを木のそばに忘れてきた事に気が付いた。

「ごめん、俺トランプ忘れてきたから先に帰ってて」

和宮さんは友人たちと別れ、急いでトランプを取りに神社へ戻る。

——確かこのあたりに置いたはず。

目星をつけていた場所に、思った通りトランプが置いてあった。

それを拾った和宮さんが振り返ると、そこにはさっきまで居なかったはずの着物姿の女の子が社殿の内側に立っていた。

「それ、なんだ？」

着物姿の女の子が、和宮さんの持つトランプを興味深そうに覗き込んだ。

トランプだけど？　と答えた和宮さんだが、女の子は首を捻るばかり。

そこで和宮さんは女の子にトランプの遊び方を教えてあげる事にした。

しかし、なかなかうまく行かない。

「えいごってなんだ？　数字も見た事ねぇ形だ。わからねえなぁ」

女の子はまだ小さいせいか英語や数字を知らないようであった。

そのせいで、トランプの遊び方を理解できないようだ。

困った和宮さんは、ふとほかにも遊び道具を持っている事を思い出す。

「じゃあ、これならどう？」

和宮さんはポケットに入れていた面子を取り出した。

面子の遊び方を教えると、女の子は嬉しそうにうんうんと頷きながら、身を乗り出して話を聞いた。面子の遊び方がシンプルな事もあり、女の子はすぐに遊び方を覚えた。

そして、ふたりで夕方の神社で面子遊びに興じるのであった。


およそ二時間ほど面子で遊んで、和宮さんは遅くなりすぎたと慌てて空を見た。

しかし、空にはここに戻ってきた時と同じ夕焼けがあるだけだ。

——おかしいな、俺たちずいぶん遊んでいたはずだけど。

女の子に時間を聞いてみようと顔を見ると、女の子の顔が妙にやつれて見えた。

——この子、こんなに痩せてたっけ？

訝しむ和宮さん、しかし女の子に催促されて面子遊びを続けた。

しばらく面子を続けていた和宮さんが再び女の子の顔を見た時、全身に鳥肌が立った。

先ほど見た時よりも、明らかにやせ細り頬がこけている。

今日はもう遅いから、これくらいにしようか。

できるだけぎこちなくならないように気を付けながら、和宮さんが言った。

女の子は残念がったが、また遊ぼうと言ってにこりと笑った。

すっかり怯えていた和宮さんが視線を境内の入り口に向けると、そこにはゆらゆらと揺れる火の点いた燭台を持った女性が立っていた。

「あっ、うちのおっかぁだ！」

女の子がどこか怖がるように言う。

すると、突然女性が神社に火を放った。

火は尋常ではない速さで燃え広がり、神社は瞬く間に火に包まれた。

和宮さんと女の子も、あっという間に火の海に囲まれてしまう。

和宮さんは大きな声で助けを呼ぶが、燃え盛る炎に声はかき消される。

——お前も苦しめ、苦しんで苦しんで死ね。

女の子がお母さんと呼んだ女性は、炎の中で高笑いしながら言う。

自分の娘のいる場所に火をかけるなんて——。

和宮さんは熱さと恐怖で足が動かず、逃げ出す事もできない。

そんな和宮さんに、女の子が覆いかぶさるようにしてかばう。

「おい……あっち、あっちさ見ろ……」

女の子が指さす先には、子供一人なんとか通れるほどの空隙《くうげき》があった。

「いけ……。そんで、また、面子で遊んでな……」

そう言うと女の子はぐったりと倒れ、声を掛けても返事さえしなくなってしまった。

助けられなくてごめん——！

和宮さんは心の中で女の子に謝りながら、最後の力を振り絞り空隙に走る。

——逃げるな！　お前も私達の苦しみを味わえ！

女性の声を背に、なんとか火の海から抜け出す和宮さん。


記憶はそこで途切れ、次に和宮さんが気付いた時には自宅のベッドで家族に囲まれていた。家族が言うには、神社の境内で倒れていた和宮さんを近所の人が見つけてくれたらしい。

和宮さんは神社での出来事を話したが、だれも信じてくれなかった。

それどころか、遊び場になっていた神社では火事など起きていなかったのだ。

それから十年ほど後の事。和宮さんはひとつの出来事を知った。

大正時代、当時まだ人里離れた山奥にあったあの神社で火事が発生し、母親と娘が巻き込まれたのだという。女の子は大やけどを負いながらも神社を抜け出したが、母親は炎の中で命を落とした。

山奥での火事だったため、村人が気付くまでにも時間がかかった。

そのせいで、命からがら逃げ出した女の子も倒れたまま、助けが来る前に亡くなってしまった。


先日、和宮さんは十数年ぶりにその神社を訪れた。

すると、社殿の中に当時女の子と遊んだ面子を見つけたのだという。

和宮さんが手を伸ばすと、ふっと柔らかな風が吹いて、面子がひっくり返る。

あの時の約束通り、和宮さんが遊びに来てくれたのだと思い女の子が来たのだろうか。

和宮さんは、すっかり古くなった面子を新しいものに取り換えて、神社を後にした。


（二〇二二年　二月四日　横浜にて採話）

海にいたもの

井上さんが中学生だった頃の話。

井上さんは自宅で夏の定番であるホラー特集のテレビ番組を見ていた。

内容は海にまつわるもので、海中から足を掴む手や、海辺に現れる幽霊の再現ＶＴＲをビクビクしながら見ていた。

しかし、井上さんの後ろで一緒に鑑賞していた父方の親戚である健司さんは、その番組を見て呆れていたという。

「海に幽霊なんかいないない。いいか、人は簡単に海で溺れるしパニックを起こす。海で脚を掴んだのも藻か小さい渦だよ。これだから素人は大袈裟によ」

健司さんはいわゆる海の男、漁師で海のプロフェッショナルである。

過去には海難救助に関わった事もあった。

そこで、井上さんは健司さんに聞いてみる事にした。

「海に幽霊はいないの？」

すると健司さんは少し顔を曇らせて言った。

「幽霊はな……。でも奇妙なものを見た事はある」


それは健司さんが高校生の時の事で、当時の港町の不良の間では空前のバイクブームであったそうだ。

健司さん自身もバイクが欲しくて、土木工事のアルバイトをしていた。

しかし、なかなか目標金額には届かない。

すると、工事現場の監督さんがアドバイスをくれた。

「魚釣りなんてどうだ？　大きい魚だったら組合の人が買い取ってくれるぞ」

しかし健司さんは短気なため釣りが苦手であった。

そこで健司さんは、なんと素潜りで魚を捕らえる事を思いついたそうだ。

数日後、健司さんは遊泳スポットから少し離れたポイントに狙いを定め、パンツ一丁と水中メガネで海中に飛び込んだ。

すると、海藻や岩の陰で貝を見つける事ができた。

やや小ぶりではあるものの、文字通り独り占め。

健司さんいわく、アワビまで獲る事が可能だった。

持ってきたケースもあっという間に満杯になり、それを気心の知れた市場の人に買い取ってもらった。

相場よりは安いものの、なかなかの金額になったそうで、健司さんは完全に味を占めてしまう。

これは厳密に言えば密漁で組合の規定違反であるし、何より違法行為であった。

だが当時はこうして小遣い稼ぎをする悪ガキと、それを利用するこずるい人もいたのだという。

この密漁で健司さんは連日の大漁。

時には一日で海と店を二往復して魚介類を売ってお金を手にしていた。

そんなある日、健司さんはいつもとは違う場所で漁を始めた。

手持ちの網はすぐに半分までいっぱいになり順調と思いきや、そこで奇妙なものに出くわした。

健司さんが海底の岩肌を見ながら泳ぎ進んでいると、岩と岩の間に何やら白い物体を発見したのだ。

発泡スチロールとか、何かのゴミだろうか――？

そう考えながら、健司さんは白い物体に近づいていく。

しかし、それは目と口があり、全体が白くふやけたような肌をした、人の形をしたものであった。

それが、海の底でかがんでいるように見える。

（なんてこった、水死体か？）

驚いた健司さんは一度水面から顔を出し、呼吸を整えて潜るともう一度それを目を凝らして観察する。

その白い物体は、海中から健司さんをじっと見上げていた。

（こっちを見ているのか？）

健司さんが戸惑っていると、白い物体は口の部分をパクパクと動かし始めた。

もう一度水から顔をあげた健司さんは、大きく深呼吸をした。

「きっと何かの見間違いだ、そうに違いない」

自分に言い聞かせて再度顔を海の中に入れた瞬間、白い物体は目を見開き、口を大きく開けて、健司さん目掛けて浮上してきた。

驚いて逃げるように顔を出した健司さんは、すぐに網に入れていた獲物を解き放った。

「ごめんなさい！　ごめんなさい！」

「南無阿弥陀仏！　南無阿弥陀仏！」

二つの言葉を繰り返しながら必死に泳ぎ、岸まで戻っていく。

——あれは凄く怒っている。

それだけは何故かわかったという。

白い物体は健司さんの真下、足元から離れず水中から真っ黒な目で凝視しながらついてくる。

なんとか岸にたどり着くと、健司さんはしばらくの間浜辺で泣きながらうろ覚えの念仏を唱え「もう二度とこんな事はしません」と誓った。

そして、結局欲しかったバイクもあきらめた。

健司さんの話を聞いた井上さんは言った。

「それって幽霊じゃん！」

しかし、健司さんは首を横に振って否定する。

「あれは幽霊じゃないと思う。幽霊に男性器があるなんてなんかおかしいだろ？」

急な話の展開に、井上さんは健司さんにからかわれたのかと思って抗議するような声で言った。

「でも、海でそんな怖い思いをしたのになんで漁師をやっているのさ？」

すると、少し間を空け真剣な表情で健司さんが答える。

「お祓いを受けに行ったら言われたんだよ。『あなたはもう逃げられないから、海でお仕事をして海にお祈りと感謝をする人生を送りなさい』って」

話をしてくれた井上さんは、最後にこう呟いた。

「もし冗談じゃなかったのなら、人生に与えた影響が凄まじすぎると思います」


（二〇二一年　十月二日　浜松町にて採話）

ワゴン車の女

佐々木君の住む地域には嫌な噂があった。

ワゴン車に乗った男性数名が女性を連れ去り、森に拉致して乱暴を加えるというものだ。

ある日、佐々木君は車の運転中に奇妙な光景を目撃した。

前を走るワゴン車の上に、女性と思しきものがいる。

女性はまるで重力から解き放たれたように車にくっついていた。

奇妙な事に、その女性には色がなかった。

透明なような、薄っすらと輪郭と表情が識別できるだけの影のような存在である。

その女性が、恐ろしい鬼の形相でワゴン車の上で揺れているのだ。

ワゴン車の主は気付いていないのか、速度を変える事もなく一般道を森の方へ走っていた。

佐々木君はワゴン車の後ろに回るとクラクションを数度鳴らしたが、ワゴン車の運転手に気づいた様子はない。

ワゴンはまっすぐ森の方へ走っていく。

やがて一般道を外れ、森の奥深くへと続く道を進んでいった。

佐々木君は迷ったが、後をついていく事にした。ここまで追いかけていけば、ワゴンの運転手も自分の合図に気が付くだろうと思ったのだ。

だが、ワゴンは森が広がる山の裾野をまっすぐ走っていく。

辺りは木々に覆われた道である。

昼間であるにも拘らず、周囲は薄暗い闇に包まれていた。

佐々木君は時折合図を送りながら、ワゴンを追走した。

しかし、ワゴン車からの反応は全くない。

——もうあきらめて、どこかでUターンしようか？

そんな事も思ったが、狭い森の道ではそんなスペースもない。

車上の女性は、相変わらずピタリとワゴン車に張りついたままである。

やがて視界が開け、深い森の奥でちょっとした広場に出くわした。

周囲を見回した佐々木君はふと気が付いた。

その広場は森の奥にあるにも拘らず、酒の空き缶や煙草の吸い殻が複数落ちている。まるで誰かがたむろしていたような痕跡があるのだ。


——まさか連れ去り事件の現場ってこの場所なんじゃ……。


佐々木君がそう考えている間も、ワゴン車はさらに森の奥へと進んでいき——消えた。

その後、もの凄い轟音が佐々木君のいる車内にまで響いた。

車を降りた佐々木君がワゴン車の進路を確認すると、車は深い谷底へと落下していた。

立ち尽くす佐々木君の横に谷底からふわりと舞い上がった影が立つ。

あの色のない鬼の顔をした女性が、佐々木君の横を通り過ぎた。

森の出口へと、すぅっと音も立てずにすべるように去っていく。

身震いした佐々木君は救急に通報を、と考えたが森の奥は電波が入らなかった。

佐々木君は電波の入る所まで慌てて引き返し、救急に連絡し車が谷底に落下した事を通報した。

その出来事からしばらく経つと、連れ去りの噂はピタリと聞かなくなった。

「車に張りついてた女性の鬼は、被害者たちの怨念が形になったものじゃないかと思うんです」

ワゴン車に乗っていた四人の男性の名前を、佐々木君は死亡事故のニュースで知った。

（二〇二〇年　九月十日　ＺＯＯＭにて採話）

ガチ恋

「ガチ恋は扱いが難しいんだよね、上客なんだけど困った客というか」

そう言ったのは風俗店に勤務する花音さんである。

ガチ恋とは、ガチ……つまり本気で恋をする事を意味する言葉、または略称だ。

例えばキャバクラであったり風俗であったりホストであったり。最近ではインターネット配信を行っている人を相手にもガチ恋をする人がいるように見受けられる。

営業的なスタンスで、あくまでお仕事として接する人たちを、本気で好きになってしまう。しかもその熱量が膨大で、彼女らを自分の人生の中心に置いてしまうような状態だ。

「私のお店にはガチ恋勢が結構多くて。もちろんメインの客層は遊びに来ていたり、ちょっとした癒やしや息抜き目的で来ているんだけど……。親しい異性がいない人とか、初めて女の子に優しく接して貰えた人とか、そういう人が陥りやすい気がするなぁ」

仕事なんだから、優しくするのが当たり前なのにね。と花音さんは困り顔で笑う。

そんな花音さんにも、ガチ恋をしているお客さんがいた。

彼は月に何度となく店で花音さんを指名して、ロングコースで長い時間を過ごしていく。

差し入れなども頻繁にあり、花音さんはそれに辟易しているそうだ。

「私、お客さんから貰ったものってあんまり食べたくなくて。だって、何してるかわからないじゃん。もちろん危ないものが無いかは、事前に男性スタッフさんが確認してくれるんだけどね」

とはいえ、スタッフさんも人間、それも警察のようにきちんと調べるわけではない。

目視と、ちょっとした中身のチェックだけである。

本気で恋を、花音さんに言わせれば執着をしている人間が何か仕込んでても見抜けない可能性は高い。

「だから私は差し入れを貰ってもその場では口にしないし、よっぽどの事が無ければ家に持ち帰っても捨てちゃうんだけど。そのお客さんはよく人形を持ってきたんだよね」

花音さんに惚れ込んでいる彼は「可愛いぬいぐるみは、可愛い女の子が持っている方が似合うから」と言って何回も人形を花音さんに送りつけてきた。

気持ちが悪いし、万が一人形の中にGPSでも仕込まれていてはたまらない。

花音さんは人形をもらった時には、毎回店のロッカーに入れっぱなしにしていた。

そして、数が多くなってくるとスタッフにお願いしてまとめて処分してもらうのだ。

「そんな事が何度も続いたんだけど、ちょっとした誤算があってさ」

花音さんがそう言って、ちょっと照れたように笑った。

「私、お仕事中にあるソーシャルゲームにハマっている事をお客さんに話した事があるの。そうしたら、そのゲームのキャラの人形を持ってきて。待機とかでヒマな時は夢中でやっているくらいに熱中してたから、さすがにこれは嬉しくってさ」

花音さんは警戒感を持ったものの、差し入れされた人形を家に持ち帰る事にした。

事前に店の中で入念に調べ、なんの小細工もしてない事は確認したつもりだった。

家に帰り、お店の残り香のある人形に消臭剤をかけて枕元に置いた。

あのお客さんから貰ったと考えると少し複雑だが、大好きなキャラクターの人形を枕元に置けるのはやはり嬉しく、気持ちも上がる。

「それで、その日は上機嫌で眠りに就いたんだけど……」

花音さんが眠りに就くと、夢か現か判別できないが名前を連呼されている。

花音、花音、花音ちゃん……。

闇の中で、不気味な声は延々と花音さんを呼ぶ。頭の中に直接語りかけるような声。

もちろん花音は源氏名であるので、声の主は客だとわかった。

花音さんが苦しさに寝返りを打つと、目の前にあのお客さんから貰った人形がある。

その人形から、声が聞こえ続けていた。

「やっぱりガチ恋相手からヤバそうな物は貰うんじゃなかったって後悔したんだけど、時すでに遅しってやつで」

声はどんどん大きくなっていく。

やがて、人形から暗くした部屋でもわかるような黒い何かが溢れてくる。

それが花音さんの全身を包むように覆っていった。

花音ちゃん……花音ちゃん……。

荒い息遣いとともに名前を呼ばれ、全身を得体の知れないものに包み込まれる。

その不快な現象は、花音さんの部屋が朝日で照らしだされるまで続いた。

「もう最悪だったんだから。寝汗はひどいし髪も寝間着も乱れちゃって。あと、強がりたいとこだけど、正直めっちゃ怖かった。あんな体験初めてで」

目覚めた花音さんは、変わらず枕元に置いてある人形を掴むと再度よく見まわした。

背中の部分に、微かな糸のほつれが見える。

花音さんは躊躇わず、そこにハサミを当てて人形の背中を開いた。

そして、息を飲むようにして短い悲鳴をあげる。

人形の背、詰め込まれた綿の奥にはみっしりと髪の毛や縮れた毛、爪などが詰め込まれていたのだ。

「GPSとか盗撮用のカメラとか。そういうのには警戒してたつもりなんだけどさ。まさか人形の中にそんなもの詰め込まれているなんて思わないじゃん？　急いで処分したけど、きつかったなぁ」

それにしても、人形を介して出てくるなんて、あのお客さんは死んだのだろうか？

そんな疑問を持ちながら出勤した花音さんに入った最初の指名は、事もあろうにそのガチ恋をしているお客さん本人であった。

お客さんはニヤニヤと笑い「昨日は夢の中でも花音ちゃんに会えたんだ、そしたらどうしても現実でも花音ちゃんに会いたくなって。だからこうして来ちゃったんだ」と言った。花音さんは身震いするのを必死でこらえ、お客さんに事務的に接して仕事をこなした。それだけで、ひどい疲労感に包まれてその日はろくに仕事にならなかったという。

「ああいうの、なんて言うんだろうね。生き霊？　人の執念って怖いなぁって。あのお客さんをNGにして、もう会わないようにする事はできるんだけど、それはそれで何かしそうで怖いじゃん」

ため息をついた花音さんが、弱り切った笑顔で続けた。

「それに、なんだかんだで私の一番の太客だからね。なんと言ってもお金になるから。収入を取るか心の安定を取るか、今は決めかねているところって感じかな」

ガチ恋をしている件のお客さんは、今も差し入れを持って足しげく花音さんのもとに通っているそうだ。

（二〇二二年　一月二十日　川崎にて採話）

ホラ吹き先生

「私は教え子たちから『ホラ吹き先生』と呼ばれているんですよ」

小学校で教員をしている三神さんは、優しげに微笑んで言った。

「思いつくままに嘘を言っては、子供達をからかってましてね」

ただ、三神さんがそんな風になったのにも成り行きというものがあった。

三神さんが子供たちに初めて嘘をついたのは二年前の夏の事だ。

空いた時間に子供たちが「先生、何か怖い話ない?」と尋ねてきた事が切っ掛けだった。

「ちょうど私はなんていうか、心霊体験……いや少し違うんですかね。怖いわけじゃないんですけど、不思議な体験をしましたので、その話をしたんです」

その体験を、三神さんが私にも語ってくれた。

三神さんはとある日の夜、車に忘れ物を取りに駐車場を訪れた。

その時三神さんは、奇妙な視線に気が付いた。

駐車場は屋外にあり、隣接する形で田んぼがある。

駐車場の敷地は、田んぼの敷地と比べいくらか高く作られてあった。

「どれだけの段差があるかと言うと、そうですね。だいたい一メートル半くらいです。中高生ぐらいの子が田んぼに立てば、駐車場からは首から上だけが地面から生えているように見える具合でしょうか。その晩、そこにちょっとしたものが見えましてね」


三神さんが視線を感じた方向を向くと、田んぼの上に女の子の首が見えた。

こんな夜遅くに、女の子は駐車場から三神さんをじっと見つめてくるのである。

三神さんは直感的に、この子は人ならざる者だと感じたそうだ。時間が遅い事もさる事ながら、彼女のうつろな視線に目を合わせていると不思議と肌でそれを感じ取れた。

少女は一段下の田んぼから頭だけを出して、じっとこちらを見ているだけだった。

何を言うわけでもなく、何をするわけでもなく——。

本当にただただ三神さんを見ているだけ。三神さんもどうして良いかわからなくなった。

三神さんは仕方なく当初の目的である忘れ物を取り、その場を去ろうとした。

その時だった。

「だあああっ！」

突然、駐車場に男の大声が響く。三神さんは思わず飛び上がった。

声の方向に目をやると、見知った顔があった。

「はっはっは、驚かせてしまいましたね。ごめんなさいね」

男性が平謝りをする。彼はたびたびこの駐車場を利用している人で、三神さんも名前こそ知らないものの顔は覚えていたのだ。

「いきなり、何ですか？」

三神さんは突然脅かされて不愉快だったので、そうとわかるような口調で尋ねた。すると男性は首を傾げて三神さんをじっと見つめてくる。

「おや、視線があっちに向いてるなって思ったんですが……見えませんでしたか？」

男性が逆に聞いていた。

——きっと、あの女の子の事だ。

三神さんはもう一度、彼女が頭を出していた田んぼの方を見る。

しかし、彼女の姿は忽然と消えていた。

三神さんが田んぼに視線を向けた事で、男性も理解したらしい。

「ああ、やっぱり貴方にも見えましたか。あれね、あんまり良くないものですね」

男性が頷くのを見て、三神さんは疑問を口にした。

「確かに、女の子が見えていました。良くないとか、そういうのまではわかりませんでしたけど。でも、どうして突然叫んだんですか？」

「ああすると幽霊側が驚いて逃げるんですよ。はっはっはっは」

そういうものなのか、と三神さんがなんとなく納得はしたもののあまり深く関りたくはないなと感じた。三神さんは男性に軽く会釈をして、帰路についた。

その後、あの女の子を見かける事はない。

大声を出した男性とはたびたびすれ違う事はあるが、挨拶をする程度でそれから何かがあったという事もなかった。

三神さんは、そんな話を子供たちに聞かせてあげたのだという。

オチこそ何もない話ではあったが、叫び声で逆に幽霊を脅かせるという斬新な話に、子供たちは興味津々だった。

そんな子供たちに、三神さんはここぞとばかりに「嘘だよ」と告げたそうだ。

「え、何が？」

「え？　何々？」

「まさか、この話が？」

子供たちは最初戸惑っていたが、からかわれたのだと気が付きゲラゲラと笑い始める。

「やられた！」

「マジか！」

「くそう、騙された！」

それから子供たちは、愛称として三神さんを『ホラ吹き先生』と呼び、慕ってくれるようになったというけだ。

この話を終えて教室を出た後、三神さんは生徒の一人に呼び止められた。

「先生、話があります」

「うん？　どうしたんだい？」

「先生、あの話本当ですか？」

まっすぐな目で見る生徒の視線を受け止めながら、三神さんは頷いた。

「ああ、あれは嘘だよ」

「本当に嘘ですか？　私見たんです。先生が話をしている時、最後の最後に一番前の席の由紀ちゃんの後ろからぬっと女が頭を出して、由紀ちゃんをじっと見ていたんです。そしたら先生が急に『嘘だよ』っていうので、私はてっきり私たちを守るために嘘って事にしたんだと思いました」

三神さんは、こう答えるしかなかった。

「あぁ、嘘だよ。だから全部忘れなさい」


（二〇二二年　三月二日　品川にて採話）

友人宅の柱

東京都に住む遠藤さんに聞いた話。

遠藤さんの友人に、大樹さんという方がいる。

彼は幼い頃に弟を事故で亡くしており、ご両親と大樹さんの三人で暮らしていた。

遠藤さんが小学生の頃、大樹さんの家に遊びに行った事がある。

祖父母の代に建てられた、立派な木造建築の一軒家だ。


家の中で遊んでいると、遠藤さんはふと子供部屋にある柱に目がいった。

そこには、何本もの淡い黒線が引かれており、小さなメモ書きもある。

これはなんだと大樹さんに問うと、両親が自分たちの身長を測って記したものだという。

確かに、よく見てみると柱のメモ書きには『大樹、十歳』などと書かれている。

何本も線は引かれていて、その中には「和樹、五歳」というものもあった。

和樹って誰？　と聞いてみて、遠藤さんは大樹さんの弟が亡くなった事を知ったのだ。


遠藤さんと大樹さんの交友は長く続き、遠藤さんと大樹さんが社会人になった今でもお互いの家を行き来している。


「だけど、奇妙な事がありまして……」

遠藤さんが眉間に皺を寄せて言った。

それは、何度も大樹さんの家を訪ねて行って、あの柱を見て気付いた事だそうだ。

「大樹の身長を測るのは、小学生までで終わったらしいんですよ。でも、亡くなった弟の和樹君の身長を、ご両親がいつまでも書き留め続けていて」


和樹、五歳。和樹、五歳。和樹、五歳。和樹、五歳。


柱に記された和樹くんは年を重ねる事なく、身長だけが伸び続けている。

大樹くんにその事を尋ねてみても、彼は難しい顔をして黙り込んでしまう。

「大樹に何か見えているかは聞いても答えてくれません。でも彼のご両親には、今でも子供のままの和樹君が見え続けているんだと思います。ご両親にはどんな姿が見えているのかと思うと、ぞっとしてしまいますね」

今では和樹くんの身長は柱の最上部、二メートルを超えるほどに成長しているという。

（二〇二二年　十一月三日　新宿にて採話）

呪いとドナー

下田さんはかつて心臓をひどく患ってしまい、臓器移植をするよりほかに治療方法ないと言われた。そして彼は移植希望者（レシピエント）に登録し、臓器を提供してくれる人、ドナーが現れるのを待った。

臓器移植というのは登録すればすぐに適合する臓器が見つかるものではない。

下田さんはレシピエントの登録してからも長い間、心臓の上に巨大なホームベースのようなペースメーカーをつけて寝たきりで過ごした。

そうして、じっとドナーが現れるのを待っていたのだという。

いつ現れるとも知れない提供者を待っている間、下田さんの心は穏やかではなかった。

わずかな期待と大きな絶望。

当時を振り返り、下田さんはそう言った。

それでも下田さんは、一心にドナーが現れる事を願い続けるより他なかった。

そんなある日、下田さんの心境に変化が訪れる。

来る日も来る日もどれだけ願っても祈っても、ドナーは一向に現れない。

それは、自分に適合する心臓を持っている者が元気に生きているからだと思ったのだ。

「ドナー登録した人間が死ねばいい、そして自分に臓器を提供してくれればいい。そんな事を動けない病床の中でじっと考えていたんです。もう、願いなんていうより呪いという言葉がぴったりな心境でした」

毎日、朝から晩まで自分の臓器に適合する人間の不幸を願った。

怨念にまみれた日々は、病院の窓から見える景色が新緑から枯れ葉に変わっても終わる事なく続いた。

そんな呪いに満ちたある日の事、とうとう下田さんに臓器移植手術の機会が訪れる。

下田さんはすぐに全身麻酔を受けて手術は行われ、彼が次に目を覚ました時には新しい心臓を手に入れていた。

麻酔の強制的な眠りから覚めればすべて終わっていた、一瞬の出来事だったという。

しかし、その日から下田さんはある悪夢に悩まされる。

下田さんが眠りに就くと、毎晩見知らぬ影が彼の心臓を取り出そうと胸に手を押し付けてくる夢である。手術跡を強引にまさぐるような、乱暴なやり方であった。

「顔は全く見えなくて性別はわからないけど、手がごつごつしていて男性なのかなと思います。手術した跡の傷口に手を突っ込んで、無理やり心臓を取り出そうとする感じのひどく荒っぽい夢でした」

そんな悪夢が毎晩続く。

「きっと、自分の心臓を取り戻そうとしているんじゃないかと。これは直感的なものですが、あの夢はそんな風に感じるんです」

下田さんはかつて、適合者が現れる事を祈り、そしてドナー登録した人間の死を願ったのである。その呪いが、この夢を見せているんじゃないかと考えた。

下田さんの呪いは、本当にどこかの誰かを取り殺してしまったのか。

そして彼の呪いに殺されてしまった男性が、夜な夜な下田さんの夢に現れて心臓を取り戻そうとしているのだろうか。

臓器移植には、奇妙な話がある。

記憶転移、とよばれるものだ。臓器移植によって臓器提供者の記憶の一部が臓器移植された者に移るという現象である。

医学関係者などの間では正式に認められたものではない。

だが興味深い事例もある。

クレア・シルヴィアという臓器移植を受けた女性の話だ。

彼女は一九八八年、とある少年から臓器移植を受けた。そして順調に回復していった時、いくつかの変化が現れた。

ひとつ、苦手だったある野菜が好物に変わった。

ひとつ、ファーストフードが嫌いだったのにチキンナゲットを好むようになった。

ひとつ、以前は静かな性格だったのに、とても活動的な性格に変わった。

またクレア・シルヴィアは夢の中で臓器を提供してくれた少年と会っているという。そして彼女は、臓器移植の際は秘密とされている相手の名前、つまり夢の中に出てきた少年のファーストネームを知っていたのだ。

ついには実際にその家族との対面を果たし、彼が臓器提供者である事を確認している。臓器に記憶が宿ると言われる、ごくごく稀な一例である。

もしも下田さんの移植された心臓にもクレア・シルヴィアと類似した事が起こったのであれば、心臓は彼に何を訴えるのであろうか。

「私が逆の立場であれば、返してほしいと思うでしょうね。善意でドナー登録をしていながら、一方的に自身の不幸を延々と呪われ続けたのですから」

あるいは一連の夢は、こうした下田さんの罪悪感が見せるただの悪夢なのかもしれない。

下田さんの心臓には大きな拒絶反応は起きず、無事に日々の生活を送っているのだから。

「この心臓が今も脈打っているのはきっと、いつか元気な形のまま取り返すためですよ」

下田さんは弱々しく言った。

（二〇二二年　八月八日　ＺＯＯＭにて採話）

深夜のコンビニバイト

二年前に鶴岡さんが体験した話。

鶴岡さんはあるコンビニで深夜バイトをしていた。

そのコンビニは少し古く、心霊現象が起きると地元で有名であった。

彼自身も何度かそういった類のものを経験している。

夜中、誰もいないのに自動ドアが開閉し続けているなどという事もあった。

二メートル近い身長のおじいさんがトイレに入ったきり出てこなくなり、確認しに行くと誰も入っていない……などの出来事が多くあったそうだ。

そんなある日、その日は一緒に働くはずだったバイトの先輩が急遽出勤できなくなり、鶴岡さんは朝まで一人で働く事になった。

午前〇時を過ぎた頃、七十代くらいのおじいさんと四、五歳くらいの女の子が入店してきた。

鶴岡さんはすでにこのバイトを始めてから何度も心霊現象を体験しているので、

(この時間にこの客層はおかしい、絶対お化けだろう)

と考えた。

少し待っていれば消えるかな……と思って眺めていたが、消える様子はない。

ずっと見ているとこういうのは消えない。そう思って少し目を離してもいなくならない。

(あれ、おかしいな?)

その後も色々と心霊現象にあった時の対処法を試してみたものの、二人は一向に消えない。

そうこうしているうちに、おじいさんと女の子がカゴいっぱいに商品を入れてレジに持ってきた。

(ああ、幽霊じゃないじゃん。お客さんか、びっくりした)

安堵した鶴岡さんは、店内にほかのお客さんがいない事もあり、ゆっくりカゴいっぱいの量の商品をレジに通して袋に入れていった。

すると、その様子を見ていた女の子が鶴岡さんの目をジッと見て彼の後ろを指さした。

「あのお姉ちゃんにも手伝ってもらったらいいのに」

女の子の突然の言葉に、鶴岡さんは恐る恐る後ろを振り向いた。

しかし、今日は朝まで一人の勤務である。当然そこには誰もいない。

女の子を連れていたおじいさんにも女性は見えていないようで、困惑した様子であった。

その女の子はコンビニを出る際、鶴岡さんとは全く違う方向に手を振り去っていった。

鶴岡さんには、あの女の子には何が見えていたか未だにわからない。

（二〇二二年　二月九日　蒲田にて採話）

待って

弁当屋に勤務する、黒川さんの同僚のパートさんの話。

そのパートさんの家は小学校の通学路に面している。

彼女の寝室がちょうど道路沿いの和室なので、毎朝七時三〇分ぐらいから子供たちの声が聞こえ始め、それが目覚まし時計の代わりになっているのだそうだ。

「いつも最後にうちの前を通る子が、待ってー！　って走って追いかけてくんだよね。お寝坊さんなのかな」

そう言っていたパートさんは去年の十二月に外反母趾の手術を行い、退院後しばらくは和室だと何かと不自由だからと、リビングルームにベッドソファを置いて寝起きをしていた。

術後三ヶ月ほどで仕事復帰もして、寝室もその頃に和室に戻したという。

しかしパートさんは気味悪そうに言った。

「なんだか変なのよ」

黒川さんが何が変なのかと聞くと、彼女は顔を曇らせて言った。

「今ってコロナの緊急事態宣言で、うちの学区は小学校も休みなの。子供たちの声がしないから目覚ましアラームをかけてるんだけど、それを止める頃にね、いつも聞いてた女の子の〈待ってー！〉って声がして、パタパタ走ってく足音がするの。他の子の気配とか全然しないのになんだろうね……」

なんだか朝から不気味な気持ちになってしまう、という話であった。

同僚の一人が「障子を開けて見てみたら？」と提案したが本人は絶対嫌だと断った。

「開けて見て、女の子がいてもいなくても、どっちでもなんか怖いじゃない。そのうち足音が私の部屋の前で立ち止まったらどうしよう、と思うと不安になる。それに毎朝それが聞こえてたのが私だけだったら怖いから、家族にも言えない」

という事で、彼女は寝室をまた変えたのだという。
その小学校ではかつて児童の列に車が突っ込む凄惨な事故があって、その後しばらくの間、幽霊を出ると騒がれた事があるそうだ。

（二〇二二年　九月十二日　チャット取材にて採話）

能楽堂の舞

地元で伝統舞踊を習っていた清子さんの話。

その舞踊は年一回、大濠公園能楽堂で公演会を行っていた。

清子さんは職場が能楽堂に近かったため、その公演会のポスターを持ってお使いを頼まれた。

昼休みに能楽堂に行ったのだが、能楽堂は県営のためいつもいる職員さんは昼食に出かけたようで留守であったという。

職員さんがいつもいる事務室は、能楽堂の裏口からすぐのところにある。

裏口から入った通路をまっすぐ行くと、正面入り口前のロビーへ、左手には守衛室兼事務室、右手には楽屋口がある構造だ。

楽屋の方は真っ暗だったが、雪駄《せった》が二足並んでいた。

誰かが舞台を使う練習に来ているのだろうかと思ったが、楽屋の電気は消えていた。

不思議に思ったが、昼休みなので休憩しているのかな、と考えたそうだ。

楽屋はとても広い和室が四室あり、廊下の灯りは奥まで届かない。

和室の襖も閉めてあるのか窓からの光もないようで、何も見えなかった。

清子さんが事務室のドアについているガラス窓から中を覗く。

事務室の中にはモニターがあり、そこには舞台稽古をしているお能の人が映っていた。

舞台を映し出すモニターは各和室にもあり、出番を確認するために使われる。

事務室にあるモニターも、それと同じものであった。


奇妙な事に楽屋は真っ暗なのに、舞台には灯りが点いている。

ただ照明の数を落として使っているのか、全体的に薄暗い印象を受けた。

舞台の人は立派な衣装と能面をつけて流麗に踊っていたが、楽器や謡の人はおらず、申し合わせ（リハーサル）でもないのに衣装を着るなんて豪勢だな、と思いながらモニターを見ていた。

三十分近く待ち、ようやく帰ってきた事務の人にポスターを渡し、清子さん自身の休み時間も残り少なかったため、挨拶もそこそこに急いで職場へと戻った。

清子さんたちの公演会が近づき、舞台となる能楽堂での練習も数回あった。

ある時、モニターの調子が悪く事務室に行って相談をしたついでに、清子さんはポスターを持ってきた日に能の練習をしていたのは、どの流派の人かと尋ねてみた。

事務の人はわざわざ記録簿を見てくれたが、その日は誰も入ってなかったですと言う。

では清子さんが見たのは録画だろうかと思いそれも聞いてみたが、モニターに録画機能などはないという事だ。

清子さんがあの日見たものが結局なんだったのか、今もわかっていない。


その後、清子さんの姉弟子が練習中、舞台の客席に振り袖を着た女の子を見たという話があった。

また、外廊下窓から誰かが覗いていると言う人もいた。だが会場は客席から舞台に向かい斜めに下り坂が続くため、外廊下の窓はかなり高いところにあり、脚立などなければとても覗けない。もちろん、事務の人は脚立など出していないと言った。
清子さんの体験談も含め、そうした奇妙な出来事の数々を、姉弟子が施設の責任者に話してみたところ「そんな不思議な出来事が起きたのなら、この能楽堂も一人前です」という言葉が返ってきたという。

（二〇二二年　一月七日　ＺＯＯＭにて採話）

廃墟探訪

奈美子さんが十年以上前に、足尾銅山の跡地に行った時の話。

今は取り壊されて跡形もないが、当時は人が生活しなくなった炭鉱夫の家族が暮らしていた住宅や、使われなくなった廃道路線に木の電柱、それに朽ち果てた神社などが放置されていたという。

それも栃木の地元の人たちにとっては普通に日常を送っている場所のすぐそば、トンネルひとつ入ったところにあり、興味深い場所だった。

その足尾には途中から廃線になった鉄道があり、現在も運行を行っている部分は絶景鉄道として観光客に人気なのだそうだ。

奈美子さんは当時、彼氏と二人で写真を撮りながら廃墟をめぐり歩いていた。

しかし背の高いススキが生い茂る中、いつの間にか彼氏とはぐれてしまう。

すると、廃線になったずっと先の方に人影が見えた。

奈美子さんは、その影を彼氏だと思い追った。

ススキが邪魔をしてそう早くは進めない。それでもなんとか掻き分けて歩いていくと、カモシカの死骸があった。半分骨が露出して虫が大勢たかっているような、死後時間の経ったものだ。

驚いて彼氏の名前を何度も呼んだが返事がない。先ほどまで見えていた影も見えなくなってしまい、怖くなってきた奈美子さんは急いで先に進んでいった。

しばらく歩くとどこからか「オーイ」という声が聞こえた。

奈美子さんは彼氏かなと思い、大きな声で返事をして問い返した。

「オーイ、どこにいるのー?」

問うてみても前方からはいつまでも「オーイ、オーイ」という声しか聞こえない。

不気味なものを感じた奈美子さんは立ち止まると、ずっと前の方で手を振っている人がいる。夏でもないのに、もやもやした陽炎のようなものの向こう側にいるように見えたという。

——あれはきっと彼氏ではない。

そう判断した奈美子さんは急いで来た道を引き返す事にした。

ススキを踏み倒しながら、駆け足で必死に戻る。

あの声に振り返ってしまったら、そこに先ほどの人がいるようで奈美子さんは怖かった。

やがて先ほど見たカモシカの死骸を通り過ぎ、やっとの思いで廃線と現在も運行している境の駅までたどり着いた。

その時には全身、冷たい汗でびっしょりだったという。

その境目の駅で、奈美子さんは無事彼氏とも合流する事ができた。

彼氏いわく、何度も携帯電話を鳴らしたが『お客様のおかけになった番号は、電源が入っていないか電波の届かないところにいます』というアナウンスに繋がるばかりだったそうだ。

「そんな……携帯なんて全然鳴らなかったよ」

奈美子さんがそう言って携帯電話を取り出すと、不意に知らない番号から着信があった。

恐る恐る電話を受けてみると、受話器の向こうから、

「きよみちゃあん?」

と変に高い、だけど子供でもなさそうな女性の声で聞かれた。

違います、と答えると通話はブツリと切れる。

「何がなんだかわからないけれど、怖いからもう帰ろうってなったんです」

そこで歩き出した奈美子さんの背中を見た彼氏が「うわっ!」と声をあげた。

そしてしきりに上着を取るように言うので、言われた通りに上着を脱ぐと、白いカーディガンの後ろの裾のところが赤黒く汚れていた。

まるで血で汚れた手で、ぎゅっと握った跡のような染みがいくつもべっとりとついていた。

それがあまりにも不気味で、奈美子さんはカーディガンを洗って使う気にもなれず、帰り道にあるショッピングモールのゴミ箱に捨てて帰ってきたという。

「それっきり、あの辺りには近づかないようにしましたね」

その時に撮影した風景写真を何枚か画面で見せてくれながら、奈美子さんはそう言って息を吐いた。

（二〇二一年　六月二十八日　ZOOMにて採話）

肉芽

土木作業員である西坂さんに聞いた話。

数年前、サッカーにハマっていた西坂さんは、朝から重労働の仕事が続いた日でも、夕暮れ時に仲間と集まってボールが見えなくなるまでサッカーをしていた。

場所は県内にある中央公園で、ゴールも設置されており集まるには最適であった。


ある日、西坂さんは皆でサッカーをしている最中に尿意をもよおしてしまう。

トイレは公園の隅っこにしかない。サッカー場からは遠い場所だ。

西坂さんは人目を忍んで、公園のほぼ真ん中にある林道で用を足す事にした。

そこには、一体のお地蔵様が祀られていた。

建築の仕事はゲンを担ぎ、地鎮なども大切にする。

仕事柄、先輩たちはこういったものは丁寧に扱っていた。

だが、特にそういった事に関心のなかった西坂さんは、普段強面《こわもて》の先輩たちが大切にしているものに小便をかけてやるのも面白いかと、その場でお地蔵様に向けて立ち小便をした。

そして、何事もなかったかのようにサッカー場に戻っていったのであった。


異変に気付いたのは一ヶ月を過ぎたあたりだったという。

西坂さんが耳にいくつも開けていたピアスの穴から、一斉に肉が隆起するように盛り上がっていたのだ。

もともとケロイド体質ではなかったはずの西坂さんの耳にできた赤黒いいくつもの肉芽。

それは盛り上がり膨れ上がり、パンパンに腫れあがっていた。

「信じられない気持ちはあったけど、ほかに思い当たる事もなくて」

あの日の行いが原因なのではと考えた西坂さんは、水とたわしを用意して中央公園に向かった。

しかし、中央公園には大きな柵がグルリと張り巡らされていた。

近くで作業をしていた人に聞くと、ここにはマンションが建つ事になるのだという。

公園にあった地蔵の事も聞いたが、作業員さんは首を傾げるだけであった。

結局そこにはそのままマンションがたち、西坂さんたちはサッカーで集まる場所もなくなり、皆で会う事も減っていった。

西坂さんの整形外科で何度も手術を受け耳の肉芽を除去したが、何度治療しても手術を終えた傷跡には再び肉芽が生えてくる。

「集まれなくなったのは残念だけど、おかげでこれを見られずに済むからね」

ため息交じりに言う西坂さんの耳には、今も赤黒い肉芽がいくつも膨れ上がっていた。


（二〇二一年　七月十一日　土浦市にて採話）

名前

加奈子さんがある商社に就職し、一人暮らしを始めた頃の話。

小さな戸建ての家を借りた加奈子さんは、最低限の家電を揃えると、仕事が忙しくほぼ自宅と職場の往復のような生活をしていた。

一人暮らしの多い区画という事もあり、時々訪問販売の営業や宗教の勧誘をされる事があったが「お断りします」といえば素直に帰ってくれる人がほとんどだった。

ある日の夜。

「たしか、二十二時頃だったと思います」

加奈子さんの家のインターフォンが鳴り、スマートフォンでSNSを眺めてぼーっとしていた加奈子さんは驚いてベッドから飛び起きた。

そして反射的に「はい」と返事をしてしまったのである。

すると、玄関の方から、小さな声でぼそぼそと喋っているような音が聞こえてきた。

返事をしてしまった以上、居留守はできないなと思い加奈子さんは玄関の方に向かった。

そもそもせまいアパートで、部屋数も風呂とトイレを除けば二つしかないので、一番奥に配置されているベッドからでも数歩で玄関に到着する距離であったという。

玄関まで来た加奈子さんが「何かご用でしょうか」と尋ねると、ドアの向こうからぼそぼそと女性の声が聞こえてきた。

「覗き穴で確認したわけではないのですが、なんとなく、ドアのすぐ近くで話しているような音で、一歩踏み込んだらそのままドアをすり抜けて入ってきてしまいそうな距離だと思いました」

すみません、よく聞こえないのですが、何かご用でしょうか。

と再度確認すると、少しだけ大きくなった声で「鈴木さんのお宅ですか」という言葉が聞こえてきた。

――なんだ、家を間違えただけか。

このあたりは似たような建物が並んでいる。以前お見舞いに来てくれた友人が、迷ってしまった事があったのを思い出した加奈子さんは正直に「違いますよ」と答えた。

すると女性は「そうですか」と言った後に、立ち去っていった。

加奈子さんはベッドに戻ってからも、なんとなく気になり、家の周囲の音を注意深く聞いてみたりしたが、特に不審な気配はなかった。他の家に伺いを立てるような声もしなかったそうだ。

次の日に仕事に行く際も、家の周辺をうろうろしている女性を見かける事はなかった。

それから数ヶ月が経過し、そんな出来事もすっかり忘れた頃。また、夜に加奈子さんの家のインターフォンが鳴った。

反射的に「はい」と返事をして、玄関からぼそぼそした声が聞こえた時、加奈子さんは「あの女の人だ」と思い出したという。

いくらなんでも、また家を間違えたとは考えにくかったが、やはり返事をしてしまった以上はそのままにしておけず「何かご用でしょうか」と尋ねた。

声が聞き取りにくい事は前回の経験で加奈子さんも知っていたので、玄関のドアに近づくと、小さな粘り気のある声で「佐藤さんのお宅でしょうか」と声がした。

なんだか嫌な感じがしたものの、加奈子さんが以前と同様に「違います」と答えると、その女性も「そうですか」と同じように立ち去っていった。

「よくわからない違和感を感じたんです。でも、結局姿を確認する事もできず、新手の宗教勧誘方法だろうかと思いつつ、またしばらくすると、その時の事はすっかり忘れてしまいました」


しかし、一か月ほど前に、例の老人から三度目の訪問を受け、今度こそ忘れないようにと思い、メモをとる事にしたのだという。

その時は「田中さんのお宅でしょうか」と聞かれたのだが、もちろん加奈子さんの苗字は田中ではない。覗き穴から姿を確認すると、襤褸《ぼろ》を纏った老女が虚ろな目で立っていた。

「これは仮説なのですが、もしかしたら彼女は、私の苗字を当てようとして、日本に多い苗字を当てずっぽうに言っているのではないでしょうか？　偶然当たればドアを開けてくれるかも、と思っているのかもしれません。そういった勧誘テクニックがあるのかは知りませんが、ありえない話ではないと思います」

ただ、加奈子さんは浮き世離れした気味の悪い姿のその女性が、ドアにくっつきそうなほどすぐ近くで、加奈子さんの苗字を当てるためにひとつずつ候補を潰していっていると思うと、果たしてそれは本当にただの人間なんだろうかと、疑問に思ってしまうのだという。

ボロボロの服、しわがれているのにやたら頭に響く声、ドアに張り付くような距離でぼそぼそとしゃべる様はまるで幽霊のようでもあった。

もしも人ならざるものであるならば、その存在は日本に多い名字を「学習」しているのである。万が一、文字を読めるようになれば、危険極まりない。


現在の借家に住み始めて数年になるが、家自体は新しく、特に事故物件やいわくつきの場所ではないそうだ。

また、幸い加奈子さんの苗字は日本でもかなり珍しい部類なので「この調子だと当てるまでに数百年かかると思います」との事である。

「ただ、あの不気味な細い声で、ぴたりと私の苗字を言い当てる瞬間を想像すると、そして言い当てられてしまったらどうなるのかを考えると、やはり背筋がぞっとするような気味の悪い感じがするんです」


（二〇二二年　二月十三日　ＺＯＯＭにて採話）

盛り塩

加奈子さんが大学生の頃の話。

大学の女子寮に住んでいた加奈子さんは既に就職していた友人に、二ヶ月に一度くらいの頻度で会っていた。

話す事といえば、好きな歌手やアニメ、漫画の話ばかりであったが、ある日「そういえばさ、加奈子は怖いの好きだったよね」と確認するようなメッセージがきた。

加奈子さんは心霊スポット巡りが好きで、霊感はないそうだが一人で色々なところに出かけていたのだという。それを友人に話した事があった。

加奈子さんの友人は怖いものが得意ではないので、心霊スポットの話をする時も、あくまでも近況報告という形に留めていたのだ。しかし、この時は友人から話を振ってくるなんて珍しいなと思った。

「実は、同じ職場にいる男の先輩が、幽霊を見たって言ってるんだけど、私、そういうの全然わからなくて。つい、友達でそういうのが好きな子がいますよ、って言っちゃったんだよね。そしたら先輩が会いたいって言い出しちゃってさ……」

加奈子さんはなんて事をしてくれたんだと思った。

加奈子さん自身には前述の通り霊感もないし、気の所為《せい》にしろ霊の仕業にしろ、どっちにしても役に立てる見込みがないからだ。

断ろうかと思ったものの、友人に「本当に話聞いてくれるだけでいいから。名前出しちゃったお詫びに、交通費も出すし、ご飯代も出すから」と言われ、大学生であまり懐に余裕もなかった加奈子さんは「話を聞くだけだよ」と念を押して、友人の職場のある錦糸町に行く事になった。

「なるべく早くしてほしい」

という先方の希望により、次の休日、昼時にファミレスで待ち合わせをして、そのまま食事をしつつ話を聞く段取りが決まった。

友人とやってきた件の男の先輩は、げっそり痩せているとかそういう事もなく至って元気そうで「急に呼び出してごめんね」と言いながら席につく。

「今となっては、見た目ははっきり覚えていませんが、三十代前半くらいで、髪色は明るかったと思います。友人と同じ、瓶の印刷工場で働いているとの事でしたが、筋骨隆々な印象はありませんでした」

最初に、あくまでもお話を聞くだけで、除霊や霊視はできないと改めて説明したが、男性は「それでもいいよ」と了承しつつ、事の経緯を説明した。

なんでも、数週間前から、ワンルームの自室のキッチンあたりに、時々黒い影が立っているのが見えるというのだ。

夜中目を覚ますと、窓から入ってきた街灯に照らされて、うっすらと黒い人影が見える。影は少し猫背になっている。

前髪は揃っていて、横から後ろは肩より少し長いくらいの髪の女で、出現する時間帯は決まっておらず、その存在に気づいた次の瞬間には消えてしまう。

最初は見間違いかと思ったが、先日昼間にも同じような影を目撃したので、つい、たまたまその日同じ現場になっていた加奈子さんの友人に相談した、との事であった。

ちなみに後から聞いた話だが、男性と友人は別に仲がいいわけではなく、挨拶や世間話程度しかした事がなかったそうだが、成り行きでなんとなく加奈子さんを紹介する流れになってしまったのだそうだ。

男性の話を聞いた加奈子さんの感想としては「まぁよくある話だな」に尽きたという。

車のライトで部屋干ししていた洗濯物の影が映り込んだのを人影と勘違いした話や、寝ぼけて見間違えたケースを山のように見聞きしてきたので、これもきっとその類だろうと思ったのだが、少しだけ違和感があった。

「人を見た目で判断するわけではありませんが、この男性は、とても幽霊を怖がるようなタイプには見えなかったのです。良く言えば今風、悪く言えばちょっと軽薄そうな雰囲気で、隣で話を聞いていた友人の方がよっぽどビビっているように見えました」

本当に怖いなら本職の方のところに行った方がいいですよ、とアドバイスしても「そういうのってお金もかかるんでしょ？　なんか、お金をかけないでやる方法ないの？」なんて言う始末。

「一般論として、盛り塩をしたり、お札やお守りを買ったりする方がいますが、効くかどうかは保証できません」

「盛り塩かあ。部屋が汚いから、置く場所あるかな」

「部屋も綺麗にした方がいいと聞いた事がありますよ。部屋が汚いと、悪いものが溜まりやすいそうです」

部屋を見てほしいと言われたが、霊感もないのに見てもわからないと断ったという。

友人の顔を立ててここまで来たが、このあたりからどうも心霊に関係ない話題が多くなり、加奈子さんは「あまりお力になれず申し訳ありません」と早々に話を切り上げて、帰宅する事にした。

帰りの電車の中で、友人から「ごめんね」とメッセージが来ていましたが、心霊現象について相談したかったのは事実であるようなので、まぁ義理は果たしただろうと自分に言い聞かせた。


「これだけなら、まぁふわっと怖い話だと思うのですが、私がこのお話が印象に残っているのは、この後の出来事に由来しているんです」

それからしばらくして、友人から「先輩が、部屋をきれいにして盛り塩したら幽霊見なくなったって。写真も送ってくれたよ」とメッセージがきた。どうやらお守りを買って盛り塩を玄関においたところ、件の心霊現象が起こらなくなったのだという。

加奈子さんは、こういうのは気の持ちような部分も大きいので、きっと安心して見間違いをする事もなくなったのだなと思ったらしい。

メッセージには、写真も一緒に添付されていた。男性が自撮り風に室内を写しており、アップになっている男性の背後、部屋の隅にはピントがずれていながらも、盛り塩がされているのが見えた。

しかし、アルミホイルに盛られた塩は、上の方がドス黒くなっていた。

「そこまで鮮明に写っていたわけではなく、もしかしたら埃か何かが乗っていただけなのかもしれませんが、なんとなく薄気味悪い印象を受けました」

それに、あまり幽霊を信じているような風にも見えなかったのに、すぐにアドバイス通り部屋を綺麗にして盛り塩をし、お守りも買ってくるなんて、やけに聞き分けがいいなと思ったそうだ。

「そもそも『なるべく早くしてほしい』という事は、何かが自分に対して悪意を持っているという自覚があったのではないかなって。幽霊についても、見ると一瞬で消えるわりには、髪型や姿の描写が生々しく、まるで、誰か心当たりがあるような感じで……」

というところで、加奈子さんはそれ以上深入りするのをやめた。

「お礼をしたいのでまた会えないか」

そう提案されたが、自分が話したのはあくまで一般論なので、その必要はないと加奈子さんは断った。男性はある日突然バイトに来なくなり、それきり電話もメールも通じなくなった。男性を紹介した友人も、連絡をとる手段がないという。

今となっては男性の安否を確認する手段はないが、どこかで盛り塩を見かけると、この時の出来事を思い出すそうである。


（二〇二二年　二月十三日　ＺＯＯＭにて採話）

影

学芸関係の仕事をしている、絵里さんの話。

絵里さんが数年前、大学生だった時の事だという。

絵里さんは入学と同時に大学の寮に入り、一人暮らしを満喫していた。

女子寮は木造二階建てのとても古い建物で、女子寮とは言いつつもこっそり男性と同棲している人がいたり、特にセキュリティーがしっかりしているわけでもない、外観の古ぼけたアパートであった。

ただ、内装には気を使っていたようで、部屋の壁紙も真新しい白に近いクリーム色をしていた。

キッチンやトイレなども清潔で、絵里さんは快適に日々を過ごしていた。

新しい生活にも慣れてきた夏のある日。

絵里さんは授業を終えて夕方の五時頃に寮に戻り、暑かったのでシャワーを浴びた。

そして、疲れからかろくに髪も乾かさずに横になったそうだ。

当時の絵里さんは髪の長さが肩にかかるほどで、きちんと乾かさずに眠ると寝癖が大変悲惨な事になってしまう。

わかっていながらも疲れには抗えず、落ちるように眠りに誘われた。

目が覚めた時スマートフォンで時間を確認すると、夜中の三時過ぎになっていた。

寝すぎた……と思った絵里さんは枕元に置いたはずの眼鏡に手を伸ばす。

しかし、眠りに就く前の記憶が曖昧で見つける事ができず、ぼんやりした視界の中でまだ眠い身体を起こし、立ち上がり部屋の電灯を点けた。

頭に手をやると、案の定髪がひどい事になっている寝癖の感触がある。

壁を見ると、明かりに映し出された影にひどい仕上がりの髪のシルエットが見えた。

くっきりと濃く浮かび上がったその影に、絵里さんはため息をつく。

「これはもう一度シャワーを浴びなきゃいけないな、と思いました」

壁に映る影を見ながら、絵里さんは頭のてっぺんから毛先まで、自分の寝癖を弄る。

「それでふっと気付いたんですけど、壁に映る私の影の、髪の長さがおかしかったんです」

壁にある黒いシルエットは、ボサボサの髪が腰元まであったのだ。

肩にかかる程度の長さの絵里さんの髪の長さとは、どう考えても釣り合わない。

寝起きの頭で混乱したものの、嫌な感じがして絵里さんは身を固くした。


——これは私の影ではなくて、真後ろに髪の長い誰かが立っているのではないか。


その考えに至った絵里さんは、勢いよく後ろを振り返った。

しかし、そこには誰もいない。

眼鏡のないぼんやりとした視界ではあるが、そこに見えるのは殺風景な部屋だけである。

寝ぼけていたのかな、と思い再び壁に視線を戻して、絵里さんは驚いた。

そこには、髪の長い影どころか、何も映っていなかったのである。

よく考えてみれば、いくら白い壁とはいえこの部屋の電灯の明かりでは、あんなに黒くはっきりとした影が見えるはずがないという事に気が付いた。

「そう考えてみると、嫌な仮説が頭をよぎったんですよね」

壁にあれほどくっきりと影が映る事はない。

ならば、さっき見たものはなんなのか。

「さっき見た影は後ろに立っていたんじゃなくて、私の目の前、壁に張り付くようにしていたんじゃないかなって……」

得体の知れない真っ黒な影に顔を近づけて、それを自分のものだと誤認していたのではないか。

その考えに至った時、絵里さんの背筋は震えた。

真っ黒な影は一体なんだったのか。

目の前にいたそれは、今どこに行ったのか。

まだこの部屋にいるのか、どこかで自分をじっと見ているのではないだろうか。

見えない存在に身震いし、絵里さんはしばらく落ち着かない時を過ごした。

それから絵里さんは引っ越しなども検討したが、家賃の安さに負けて結局四年間その部屋に住んだという。

「後にも先にも、怪奇現象はあれっきりでした」

それでも絵里さんはその部屋に住んでいる間、白い壁に微かに影が映るたびに息苦しい気持ちに襲われたという。

（二〇二三年　一月十三日　ＺＯＯＭにて採話）

蓮の入れ墨

青森県出身の下野さんから聞いた話。

下野さんの祖父の祖父、いわゆる高祖父の光昭さんは明治時代の人で、漁師を生業にしていたという。

不漁が続き生活が苦しくなった年、光昭さんの奥さんが臨月を迎え、やがて家に新しい命が産まれた。大きな声で泣く女の子だった。

しかし、不漁続きで生活に窮していた一家は、生まれたばかりの子供を養う余裕はないと判断した。そして光昭さんは、悩みに悩んだ末にその赤子を口減らしのために処分する事にしたのだ。

潮が満ちた月が綺麗な夜、光昭さんは泣き止まない赤子を抱えひっそりと舟で沖合に出た。

そして赤子を海に沈めそっと手を合わせ、村に戻ったのである。

しばらくすると、光昭さんの家では病人が相次ぎ、怪我をする者も続出した。

光昭さんは大家族であったが、そのことごとくがなんらかの不幸にあう程であった。

光昭さんの一家はこれを捨てた赤子の祟りだとひどく恐れたという。


この頃の漁師たちは皆、身体に入れ墨をしていた。

海難事故にあった際、顔がわからない状態になっても漁師の身元が判明するようにである。

光昭さんも立派な龍の入れ墨を、左腕から背中に入れていた。

彼は自分が捨てた子供が現世で迷う事なく成仏し、無事に極楽浄土に行けるようにと、鎮魂の思いで空いていた右肩に浄土に咲く花と言われる蓮の入れ墨を彫った。

家族も仏壇に手を合わせては、生まれたばかりで世を去る運命を与えてしまった子供の魂の安寧を祈った。

そうした行いが功を奏したのか、光昭さんの家には再び平和な時間が訪れた。

だが光昭さんたちは忙しい生活の中、次第に生まれたばかりの名もない赤子の事を忘れていき、手を合わせる機会も減っていった。

その頃、村は豊漁に恵まれ光昭さんも多忙を極めていた。

昼夜問わずひっきりなしに舟で村と沖合を往復していたそうだ。

そんなある日、突然の天候の変化で海が大荒れになった。

光昭さんの舟は沖合まで漁に出ており、村に帰る事もかなわない状況である。

結局、村に戻ってこられたのは舟の残骸の一部だけで、舟に乗っていた光昭さんたちの姿はどこにも見当たらなかった。


二週間ほど過ぎたある朝の事、沖合に出ていた漁師がひとつの遺体を発見し村に持ち帰った。

水を吸った肌はパンパンに膨れ、皮膚の表面の傷みが激しく全く身元がわからない。

そこで遺体をうつ伏せにして入れ墨を確認する事にした。

背中の肌もボロボロで、入れ墨もほとんど消えてしまっている。

しかし、右肩に彫られた蓮の入れ墨だけが無事に見つかった。光昭さんの入れ墨である。見る影もなくなった光昭さんの身体の中で、蓮の花だけが大きく色鮮やかに咲き誇っていたという。

まるで生きているように膨れ上がった蓮からは、今にも何か出てきそうな様相だ。

それを見て恐れた残された家族は、葬儀も手短に済ませすぐに光昭さんの遺骸を荼毘に付した。

すると、遺骨の中に小さな子供のものと思われる頭蓋骨が残っていた。

火葬で砕けた光昭さんの大きな骨の欠片とは、明らかに違う。

信じられないと家族は皆顔を見合わせ、困惑した。

結局、その頭蓋骨を光昭さんの骨壺に収める事は憚《はばか》られ、簡単な供養をしたうえで頭蓋骨は裏庭の奥深くに埋葬した。

しかし、光昭さん一家に思わぬ異変が訪れる。

夜毎、どこからか赤子の泣き声が家中に聞こえてくるのである。

あの一際大きな産声とともに生まれた赤子に瓜二つの泣き声だ。

最初は偶然と思いこもうとした遺族であったが、泣き声は一向に止む気配はない。

恐怖に耐え切れなくなった一家は裏庭を掘り返し、小さな頭蓋骨を取り出した。

そして、きちんとした骨壺に入れると一族の墓に丁寧に埋葬し、寺の住職にお経をあげて貰った。


それきり、赤子の泣き声はピタリと止んだ。

一家はようやく赤子の無念が晴れたのだと胸を撫でおろしたが、墓を管理する住職に聞かされた話で再び肝を冷やす事になる。

赤子の骨壺を埋葬してからというもの、光昭さんの一族が眠る墓から泣き声が聞こえるというのだ。

赤子の祟りが再来するのではないかと震えた一家は、毎日墓参りをして線香をあげた。

それでも、光昭さんの一族の間ではそれから十年もの間、誰も子供を授かる事がなかったという。

赤子の泣き声がいつ止んだのかは、定かではないらしい。

下野さんもお盆に帰省した折にはその墓を訪れる。

しかし、下野さん自身はこうした怪異に出会った事はないそうだ。

「百年以上前の事ですから、恨み疲れたのかもしれませんね」

下野さんは独身であるが、田舎に帰るたびに祖母から生まれてきた子は大切にするように、と何度も念を押されている。


（二〇二二年　九月十五日　町田にて採話）

灯りを消して

都内の会社に勤務している安藤さんの話である。
安藤さんは数か月前、事故で五年間交際していた女性を亡くしてしまった。
しばらくは食事も喉を通らない生活が続いたという。
「あまりにも突然の出来事だったので、茫然自失でしたね」
弱々しい笑顔を浮かべながら、安藤さんが言った。
今も頬がそげており、喪失の悲しみは計り知れないものであろう事は推察できた。

異変が起きたのは、彼女の四十九日が明けた頃だ。
その頃には安藤さんも少しずつ気持ちを持ち直し、彼女を忘れる事は難しくても、彼女と過ごした思い出を抱いてなんとか生きていこうという気力は戻ってきていた。

安藤さんは会社から帰るとシャワーを浴びて、余暇の時間を経てベッドに横になる。

「どうしても彼女の事を考えてしまうので、最近は早く寝るようになったんです。彼女の事を思うのは幸せな時間でもあったんですけど、まだつらかったんです」

ベッドサイドに置いたライトの柔らかな灯りの中で、横になった安藤さんがウトウトし始めた。

考えまいと思っても恋人との思い出はいくつも思い浮かぶ。

眠気の中でとりとめのないやりとりが頭をよぎっては、少しずつ微睡みに沈んでいく。

そんな時に、もう聞こえないはずの恋人の声が響いた。


「灯りを消して」


眠りに落ちかけていた安藤さんの意識が、急速に現実に引き戻される。

その声は、まごう事無き愛する恋人の声だった。

「彼女が会いに来てくれたんだって、胸が一杯になりました。でも、様子が変なんです」

焦がれていた彼女の声を聞いた安藤さんは、すぐに名前を呼び返しこっちに来るように促した。

しかし、彼女はライトの光が届かない闇の奥から一向に姿を現さない。

「灯りを消して」

再度、彼女の声がした。安藤さんは語りかける。だが彼女の返事は同じものだった。

「灯りを消して」

オウム返しのように、ただそれだけを求めてくる。

声色には、怒りも悲しみも、喜色も感じられない。

「彼女の葬儀にはもちろん参列しましたし、向こうのご両親とも面識があったので火葬場までご一緒しました。遺骨も見ています。だから声の主は幽霊とか、そういう類だとは思ったんですが、それでも嬉しかったんです」

顔が見たいからそばに来てほしい。

ベットに上体を起こし何度も言ったが恋人は動かない。

じれた安藤さんは、自分から声のする方に向かおうとしたが、身体が思うように動かない事に気が付いた。いや、動かないのではなく、動かしたらいけないという無意識のうちの思いなのかもしれない。

「足も手も動くんですよ、なのに彼女のもとへ向かえない。身体が拒んでいるような感じでした」

なんとか身体を動かそうと深呼吸をした安藤さんの鼻孔に、異様な匂いが入り込んでくる。

鉄さびのような、もっと生臭い何かのような……重い空気。

視線の向こうの闇が、不意にとてつもなく恐ろしいものに感じられた。

「灯りを消して」

恋人の声は止まない。ただただ灯りを消す事だけを求めてくる。

――彼女は死んだんだ。それは自分だって確認したはずだ。

喜びに浮かれていた安藤さんの頭に、冷静な思考が戻り始める。

幽霊でも悪霊でも、彼女に会いたい。

けれど、闇の奥から動かない声の主は、本当にあの子のものだったか。

なぜ姿を現さないのだ。どうして、自分のもとにやってこないのか。

異様な空気、重い匂い。繰り返されるなんの感情もこもっていない言葉。

無意識のうちに、安藤さんの背筋に冷たい汗が流れた。

「灯りを消して」

安藤さんが何を問いかけても、返ってくる言葉は同じものだった。

対峙と葛藤が続く。この照明を消した時、自分の身に一体何が起こるのだろうか。

次第にどんな彼女にでも会いたいという思いが募り、安藤さんがライトに手を伸ばしかけた。

ふっと、部屋を満たしていた張りつめた空気と匂いが消える。

部屋が薄明かりに包まれ始めた。夜が明けたのだ。

安藤さんは立ち上がり、彼女の声がした場所に立った。

何もいない。もう誰の声もしない。ただ、部屋の隅が微かに湿っていたという。

「何がいたのかはわかりません、彼女だったのか、彼女のフリをした違うものだったのか」

それからも、安藤さんがベッドで微睡み始めると時折り、その声が聞こえてくるそうだ。

「灯りを消して」

安藤さんはベッドサイドのライトを点けたまま寝る習慣が身についた。

「怖いという気持ちがあるし、何か異質なものだなとは感じるのでそうしています。だけど、どうしたって切ない気持ちに襲われるんです。なんと言っても、最愛の彼女の声ですからね。いつか、彼女の声に導かれるまま灯りを消してしまうかもしれません」

その時に何かあったら、また連絡しますよ。

安藤さんは静かな微笑みを浮かべてそう言った。

よろしくお願いいたします、と私が告げると頷いた安藤さんが一言付け加えた。

「まぁ、その時生きていたら、ですけどね」

それきり、安藤さんからの連絡は来ていない。


（二〇二二年　五月十五日　田町にて採話）

無数の眼

これは私自身が体験した話である。

私は生まれつき、左目の視力が著しく低くほとんど何も見えない。

見えるのはせいぜい曖昧な、ぼやけた景色くらいである。

幼い頃から続けていた視力矯正なども成果はなかった。


二〇二一年の夏頃から、その左目に頻繁に黒い影がよぎるようになった。

季節がら虫でも横切ったのかな、と右目で確認してみても何もいない。

しかし、左目の視界を影が横切ったり、時に張りついたりするような現象はそれからも止む事なく続いた。

とうとう左目に異常が来してしまったのかと思ったが、影が映り込む以外の異変はない。

昔から変わらず、ぼんやりとした世界が左目に映っている。

数か月ほど経つと、私もあまりその異変を気にする事がなくなった。

日当たりの良い部屋であるし、カーテンの影が映り込む事もあるだろう、くらいに思っていた。

それでも、視界の端に訪れる影は頻度を増していった。


そんなある晩、私は夢を見た。

空から地面まで、赤黒く染まった世界が果てしなく広がっている。

足元には、白い霧のようなものが立ち込めていた。

夢特有のふわふわとした空気をまとっていたので、自分が夢を見ているのだという自覚はあった。

地獄を思わせるような光景を、私はまっすぐに歩いていく。

身も蓋もない話ではあるが、何か怪談のネタになるようなものはないかと思っていた記憶はある。

そうして暗い世界を歩いていると、不意に世界が収縮し始めた。

景色と霧が圧縮されていく。私はその中に閉じ込められたままだ。

何が起きるのかと周囲に目線を配っていると、ふと左目に影が映り込んだ。

そちらに向き直る。影は、右目でもはっきりと見て取れた。

大きさは人より少し大きい程度だが、狭まりゆく世界の中で満ち満ちているようであった。

半ば赤黒い世界に溶け込んでいたものが、徐々に形をなしていく。

灯台を思わせるシルエットに、何かが輝いている。

世界が狭まるにつれて、影もまた私に迫ってくる。

無数の光に見えたそれは、影全体を覆いつくすほどに埋め尽くされた眼であった。

不気味な光景に私がたじろいでいると、眼が一斉にこちらを向いた。

いくつもの眼と、自分の視線がぶつかり合う。息を飲んだ、その間にも影は迫ってくる。

どこかで夢から目覚めてくれるのだろうと願いながら、私は後退りしていく。

世界が収縮していく、影も迫ってくる。

数多《あまた》の眼。そのひとつひとつがはっきり見えた。血走っている、狂気を感じる眼。

私をじっと見据えたまま、瞬きひとつしない。

果たしてこの影は、触れる事はできるのであろうか。

人としては恐怖していたが、怪談を書いている身としてはそんな興味が湧いてきた。

恐る恐る手を伸ばす。影に触れた。その瞬間、影の中に腕が飲み込まれ、私の腕にまで無数の眼が生まれ始める。右腕をびっしりと眼で埋め尽くされて、驚きに大きく息を飲んだ。


そこで、目が醒めた。

仰向けに眠っていた私の視界に、遮光カーテンで遮られた薄明かりに浮かぶ見慣れた天井が映る。

妙にリアルな夢だったな……と息を吐いて上体を起こし私は固まった。

居た。

夢の中で見た、無数の眼に包まれた黒い影が私の左目にはっきりと映っている。

かすかに首を動かす。右目で見ても影が消える事はない。

夢の中同様に、私を凝視したまま影が迫ってくる。身体が思うように動かない。

私は寝起きの頭で必死に考えた。

怪異と遭遇した時、一番良いのは気付いていないフリをしてやり過ごす事だと記憶している。

しかし、すでにしっかりと視線を合わせてしまっているのだ。

次に取るべき行動はと考えた時、怪異を大声で追い払うという案にたどり着いた。

「しつこい！」

自分でも驚くほどに大きな声が出た。それとともに、身体に自由が戻る。

手を伸ばし、遮光カーテンを勢いよく引いた。朝の陽射しが差し込んでくる。

影は朝日を浴びると、少しずつ小さな黒い粒子になっていき、消えた。

眼は、消える瞬間まで私を凝視し続けていた。その眼も、溶け込むように消えていく。

部屋を見渡した。いつもと変わりない、見知った自分の部屋だ。

身体にも異常はない、夢の中で腕に張りついた眼も残っていない。

それを確認して、私はようやく胸を撫でおろした。

あんなにはっきりと形を伴って怪異を目撃したのは、生まれて初めての経験であった。

体験した怪談を語ってくださる方々の気持ちが、ほんの少しだけ理解できたかもしれない。

それきり、私の左目に影が映り込む事はなくなった。

今はまた怪異に遭遇したい思いと、もうあんな経験は懲り懲りだという思いが私の中で半分ずつを占めているように思う。

（二〇二二年　十月某日　自宅にて体験）

終の棲家

グループホームに勤務している堀田さんの話。

堀田さんが勤めているグループホームはこの施設を終の棲家に、と望む利用者やご家族がいる場所である。

なので、グループホームの中で命を終える利用者さんも多く居た。

堀田さんが休日だった日にも、足立さんという方が旅立たれたという連絡があった。

親しくしていた利用者さんで、堀田さんも胸を痛めたという。

翌日、堀田さんは早番の出勤であった。

「うちのグループホームでは、早番の仕事はまず入り口の自動ドアの電源を入れるところから始まるんです。でもその日は様子がおかしくて」

堀田さんがロックを解除して自動ドアの電源を入れる。

通常ならば、自動ドアは一度全開になった後ゆっくりとドアが閉まり、そこからは通常の稼働となるのだそうだ。

だがその日に限って、ロックを外したドアは全開になった後、閉まらなくなってしまった。

ドアが開き、ある一定の所まで閉まると止まり、また開いてしまう。そんな状態である。

首を傾げる早番のスタッフたちが何度電源を入れ直してみても、ドアの誤作動は直らない。

「ちょうど、自動ドアに誰かが挟まってしまった時に怪我をしないようにもう一回開く感じの動きだったんです」

自動ドアは開いては閉じる途中で止まり、また開いては……という動作を延々と繰り返す。

これでは仕事が始められないと皆、困惑してしまった。

これは自分たちの手には負えないと判断した堀田さんたちスタッフは、設備会社に連絡を入れ急ぎの点検を依頼した。

しばらく経ってやってきた点検の人は、自動ドアを一通り調べて首を捻った。

「設備の人は、どこも故障していない、センサーは正常に作動してるって言うんです」

とはいえ設備会社の人もドアの異常な動きは実際に目の当たりにしている。

入念なチェックが行われた。電源系統には問題はなく、ドアに傷もない。

自動ドアのレールの上に何かが挟まっているという事もなく、どこをどう調べても異常は一つも見つける事ができなかった。

しかし、ドアの不規則な開閉は続いている。

ドアの閉まる幅を見ていたスタッフの一人が、ふと思い出したように言った。

「ねぇ、このドアの閉まり幅、足立さんが使ってた手押し車と一緒じゃない？」

足立さんのお世話をよくしていた堀田さんは、言われてはっとなった。

「確かにそうなんですよ、足立さんが押していた手押し車の幅があんな感じで。それでどうしたものかって頭を抱えていたんですけど……」

そうこうしているうちに、グループホームの施設長が出勤してきた。

堀田さんが事情を話し自動ドアを見せると、施設長はドアに向かって言った。

「足立さん、もう葬儀が始まるで、行かないといかんよ」

施設長の言葉の後、自動ドアがすっと閉じた。

そして、それ以降は誤作動もする事なく平常運転に戻ったのであった。

目を丸くしているスタッフたちを見て、施設長が言った。

「前にもこんな事があったんだよ。そのうち皆にもわかるようになる」

堀田さんは自動ドアの前でそっと手を合わせて、足立さんの旅立ちが安らかなものであるように祈りを捧げた。


（二〇二一年　十月十四日　品川にて採話）

肝試し

「これは私の地元にある、二岡神社という場所の話なんですが……」
そう言って体験談を語ってくれたのは、占い師をしている美穂さんである。

美穂さんの地元には、心霊スポットとされる神社がある。
お祝い事などの祝賀を行う時には活気もあり、一見普通の神社だ。
しかし、特に催し物が無い時に訪れると薄気味悪い空気が漂う場所だという。
神社は昼間でも木々に囲まれており、薄暗くぞっとする雰囲気を醸し出している。
ここには色々な噂が絶えなかった。
実際に神社で首を吊った人が居るという話。
境内に赤ちゃんを置き去りにする事件があったという話。

そして昔、第二次世界大戦の頃はB29が墜落し、社殿の下に隠れていたアメリカの兵士が迫害にあったなど様々な話が語られている。

ついには有名な霊媒師が来て除霊を行ったが、それでも祓う事はできなかった。

美穂さんの聞いた話は藁人形の呪いにまつわるものであった。

神社の中には沢山の木々があり、丑三つ時にはそこに藁人形を当て五寸釘を打ち付ける人が出るというものだ。

それに、神隠しにあうという話も聞いた事があるらしい。

美穂さんが社会人になりたての頃、親しい友人たちと夏場に二岡神社に肝試しに行く事になった。

男性二人、女性二人の四人で車に乗り神社へと向かう。

美穂さんは霊感があるそうで、あまりそういったいわくつきの所に行くのは乗り気ではなかったが、運転手が親友であったため放っておく事もできず、行かざるを得なかった。

途中には少し坂を登る道があり、いくつかの家が並んでいる。

夜遅い時間だったせいかもしれないが、居並ぶ家々には全く明かりが点いていない。

砂利道をまっすぐ進んで行くと、そこに神社の駐車場があった。

友人たちが車を降りていく。

美穂さんは嫌な予感がつきまとい、車を出るのを躊躇していた。


友人たちは「雰囲気あるね」「何か出そうじゃない？」等と面白おかしく話している。

「もうやめよう、すぐに帰った方がいいよ。ここは空気が違う」

美穂さんは何度も彼らを止めようと忠告したが、友人たちは美穂さんに言葉にさらに盛り上がっていく。

彼らが神社の中に進んで行くと、美穂さんも覚悟を決めて車を降りた。

というよりも、一人でいるのが嫌だったというのが正直な所だそうだ。


参道を歩いて行くと真っ赤な文字で神社の名前が書いてある。

正面には鳥居があり、そこにはしめ縄が渡され、三つの紙垂《しで》がぶら下がっていた。

風のない夜なのに、真ん中に下げられた紙垂だけが揺れている。

友人たちは気持ち悪いね、等と言いながらさらに奥へと入っていった。

古い神社であり、管理こそきちんとされているものの、本殿へと続く道は吸い込まれるような暗闇で、美穂さんは恐怖を感じた。

「ほら、もう十分でしょ。車に戻ろうよ」

境内まで着くとなんとも言えない違和感を覚えた美穂さんが皆を促した。

早めに帰ろうと友人の袖を掴むが、彼らは面白がるばかりで応じない。

まるで観光気分で歩いている友人たちの後ろで、美穂さんは震えていた。


しかし、ほどなくして友人の一人が足を止めた。

「なんか俺だるいから、美穂と一緒に車に戻るわ」

そう言って、美穂さんを誘って元来た道へと歩き出す。

残った二人が心配だったが、早くこの場所から離れたかった美穂さんも従う事にした。

参道を戻る途中で、不意に歩いていた友人が震え出した。

美穂さんがどうしたのか聞くと、暗い顔をした友人が口を開く。

「さっきから声が聞こえてさ。唸り声みたいなやつ。だけどあいつらにビビってると思われたくなかったから、適当に言い訳して抜けてきたんだ」

すっかり怯えてしまった友人を連れ、美穂さんと友人は駐車場まで戻った。

二人で後部座席に座り、友人を落ち着かせようと買ってあったお茶を勧める。

ふぅ、と息をついて何度も顔をさする友人がようやく落ち着き始めた時、神社の奥まで進んでいた残りの二人が大慌てで車まで走ってきた。


「やだ！　やだ！」「ちょっとこれヤバイ、すぐ出よう！」

二人が取り乱しながら、運転席に座った友人が車にエンジンをかけようとキーを回す。

しかし、何度キーをひねっても車にエンジンがかからない。

「落ち着いて！　何があったの？」

美穂さんが宥めるように言う。それでも二人は震えてばかりだ。

窓の外を覗き込んでいた男友達が「静かに！」と言って皆を手で制した。

美穂さんは一体何が起きたのかと声を殺していると、外からざっ、ざっ、と足を地面に擦りつけるように歩いてくる足音が聞こえてきた。

「それも一人じゃなかったんです。複数人……ううん凄い多人数の足音で」

車内の全員が息を殺して足音が過ぎ去るのを待つ。

やがて音が遠のいて行くと「だからこんな所来たくなかったんだ！」「何言ってんだよ、お前ノリノリだったじゃねーか！」と喧嘩を始めてしまう。

相変わらず、車のエンジンはかからない。


美穂さんは咄嗟に普段から身に着けている御守りを運転手に渡した。

すると車にエンジンがかかり、急いで駐車場を抜けて神社から離れて行った。

近くにあったコンビニエンスストアに車を止めて、皆が落ち着くのを待つ。

美穂さんが大丈夫、大丈夫と言い聞かせて、奥まで行った二人もようやく平静を取り戻した。

話を聞くと、二人は境内まで行き周囲を見回しながら探索していたらしい。

するとどこからか足音が聞こえ始め、気味が悪くなり引き返す事にした。

来た道を戻っていると、見知らぬ老女とすれ違う。

老女は白い着物を纏い、無言のまま暗い境内へと消えて行った。

その顔には、恐ろしい微笑みが浮かんでいたという。

いよいよ震えあがった二人は足を速めて神社を去ろうとした。

だがそこに、後ろからいくつもの足音が追いかけてくる。

走り出し、なんとか駐車場までたどり着いて慌てて車に飛び乗ったのだ。

運転手の友人いわく、神社を出る帰り道のバックミラーにその老女の姿が映っていて、どうしようもなく恐ろしかったそうだ。


コンビニの蛍光灯の人工的な光に落ち着きを取り戻した美穂さんが、ふと景色が赤くにじむ場所がある事に気が付いた。

よく見てみるとそれは真っ赤な色をした手形であった。

いくつもの手形が、車のフロントガラスから窓に至るまで貼りついている。

眼を凝らすと、それは皺だらけの手……まるで老人の手のひらのように見えた。


「友人が見たという老女は、あんな夜中に白い着物を着て何をしていたのでしょう」

もしも、噂通りあの神社で丑の刻参りのような事が行われていたとしたら――。

老女はすれ違った彼らを目撃者と思ったのかもしれない。
そして呪いを成就させるためにも、生かして帰さないようにしていたのでは……。
そう思うと美穂さんは心の底から震えた。
沢山の足音の正体も、わからないままだ。

「あそこは決して遊び半分で夜に行ってはいけない神社だなと思いました。今も神社は変わらず存在していますが、あれっきり私は足が遠のきましたね」
美穂さんは事件の頃を思い出したのか、身震いしながら消えそうな声で言った。

（二〇二二年　九月二十日　大崎にて採話）

異世界エレベーター

都内の大学に通う美優さんが語ってくれた話。

「友達と二人で、異世界に行けるエレベーターを試そう！　ってなったんです」

当時美優さんたちはオカルトにハマっていて、二人でできるオカルト現象を実践可能な場所を探していた。

その時、本来は一人でやってみるものである『異世界に行けるエレベーターの動かし方』に二人で挑戦してみる事にしたのだという。

「最初の一歩を踏み出す際に左足を私が担当して、右足を友達が担当すれば一人分だと換算される見込みでやってみたんですよ。今でもあれは謎理論だったと笑い話になっています」

美優さんたちが実行しようとした異世界へ行くエレベーターの動かし方はこうだ。

まず、十階以上ある建物を探す。次にその建物のエレベーターに乗る。

エレベーターに乗ったら四階、二階、六階、二階、十階、五階と移動していく。

この間に誰かが乗ってきたら、その時点で異世界にはいけない。

無事五階までたどり着くと、女性が乗ってくる。

この女性には、決して話しかけてはいけないという。

そして、女性が乗ってきたらエレベーターの一階を押す。

もしも異世界の行く方法が成功に進んでいたら、エレベーターは一階に向かわずに十階へと上がっていく。十階に着くと、その先は異世界に……と言われている話である。


まず必要なものは十階以上ある建物だ。

美優さんたちは都内に住んでいたので、一駅分くらい歩けば条件を満たした建物がすぐに見つかるだろうと、午後から探索を開始した。

しかし、なかなか良い建物が見つからない。

十階以上ある建物は数あれど、どこも会社であったり人の行き来が多いマンションであったりと、今ひとつ条件に合致しないのだ。

あそこもダメ、ここもダメと言い交わし都内を歩き回った。

美優さんたちは結局午後四時まで歩き続けて、へとへとになってしまう。

一度、電車を使って移動しようという話になり、山手線で五反田駅まで移動した。

「友達と話し合って、ここから地元までの帰り道で目星の建物が見つからなければ、今回は帰ろうと決めたんです」

五反田駅の付近は既に探していた場所のひとつであるので、あまり期待はしていなかった。

こんなに見つからないものなんだね、と談笑していた美優さんたちが坂道を下って歩いていくと、ふと視線の先に寂れたマンションが目に留まった。

「この建物ならいける！　って意気投合して近づいて行ったんです。雰囲気バッチリの年季が入ったマンションで薄暗くて、あまり人も居そうになかった場所で」

入り口からエレベーターホールに向かう。

郵便受けから郵便物がはみ出しており、清掃も行き届いていない。

電灯も頼りなく、消えたりはしないものの時折明かりが揺れる。

エレベーターホールに向かう途中には、下りの階段も見つかった。

地下があるようで、下からは非常口を知らせる電灯と思しき緑色の灯りが漏れている。

美優さんにはそれが非常に不気味に感じられた。


エレベーターがほとんど動かない事を確認し、美優さんたちはここで異世界に行く方法を実証する事に決めた。

そして、すぐ近くにあったコンビニで食べ物を沢山買いためて戻ったのだ。

「もし異世界に行っても、一週間くらいはやり過ごせるようにって話し合って買ったんです」

しかしいざエレベーターに乗る、となったところで美優さんたちは何度も引き返してしまった。

マンションを包む気味の悪い静寂が異様で、気持ちを飲まれてしまったのだ。

友達が怖じ気づいては美優さんが励まし、美優さんが怖がっては友人が宥め。

そんなやり取りをしていると時刻は午後五時を回り、だんだん空が茜色になってくる。

「重い空気を盛り上げようと、友達と二人で自撮りしたんです。無理やりはしゃいで……。

そうやって気持ちを上げてからようやくエレベーターに乗り込みました」

それぞれの右足と左足で一歩目を踏み出し、二人がエレベーターに乗り込む。

友人が操作ボタンのそばに立ち、美優さんがその隣に立った。

手順通りにボタンを操作していく。

四階、二階、六階、二階、そして十階。

途中で停止してしまう事もなく、順調に移動していく。

友達がボタンを操作しているのを見ながら、美優さんは恐怖から自分の服の袖を握りしめていた。

どうにもエレベーターの空気が重く冷たく、背中が冷えて仕方がない。

そして五階。

ここで女性が乗ってくれば異世界に行ける。口々に言い合い、緊張が高まる。

エレベーターが五階に着いた事を知らせるアラームが鳴り響く。

すると、今まではスムーズに開いていたドアが、突然錆びついたかのようにギシギシと軋む音を立てながら開いた。この段階で美優さんたちは何かおかしいと感じていたが、すでに儀式は始めてしまっている。

どうなるのか、怯えと好奇心を抱きながら美優さんはドアの向こうをじっと見つめた。

軋むエレベーターのドアが開いた先には、誰もいなかった。

閑散としたエレベーターホールが広がっているだけである。

しかし、マンションの奥から男たちの低い笑い声が聞こえてきた。

マンションの住人であろうか。だが、笑い声はいつまでも続いている。

彼ら……と呼ぶのが正しいかはわからないが、その存在は具体的に何かの話をするでもなく、ただただぞっとするような低い声で笑い続けているのである。

不意に、その声がエレベーターに近づいてきた。

黒く重たい、もやのようなものがゆっくりと迫ってくる。

これはまずいと感じた美優さんが、すぐにエレベーターを閉じるように友人に言った。

友人も、震えながら数度頷き『閉』のボタンを数度押した。

ドアは閉まらない。黒い何かがゆっくりと、だが確実に近づいてくる。

威圧感が増していく。何かが居る。それだけは間違いないと美優さんは感じた。

それは目の前の黒い何かであり、背後の冷たい空気の中にも存在する。

振り返る事はできなかった。

エレベーターのドアは相変わらず軋んだ音を立て続けている。

早く、早くと口々に言い交わす。友達が「来ないでよ！」と叫んで買い置きしておいたパンを掴んで黒いもやに投げつけた。パンが真っ黒な空間に消えて行く。

ギシギシと鳴るドアは永遠に閉まらないと錯覚しそうになるほど遅い。それでもようやく閉まり、エレベーターの中は下に移動していく独特の浮遊感に包まれた。

「でも友達がドジで……。『やばい、間違えて手順通りに押しちゃった』って言うんですよ。慌てちゃいましたが、無事エレベーターは一階に向かっていて胸を撫でおろしました」

問題なく一階に向かったエレベーターであったが、すぐに出ないともしかしたら十階に向かってしまうかもしれない。そんな不安から、美優さんたちはドアのすぐ前でいつでも降りられるように待機した。

やがて、エレベーターが一階に到着しすんなりとドアが開いた。

美優さんたちはお互いの背中を押すようにして、急いでエレベーターを降りる。

そのまま駆け足でマンションの出口まで走り、外に出てようやく安堵の息をついた。

外はすっかり夕暮れに染まり、空の向こうから夜が迫っている。

美優さんたちはようやく引き攣った笑みを浮かべて顔を見合わせた。

そして、二度とやるもんか。もうこんなの沢山だとこのオカルト現象には触れない事を誓い合った。

「始める前はめちゃくちゃ好奇心が溢れていて、異世界に行ったら何をしようかって話し合っていたんですけど……出られた時には五体満足でいられた事に感謝を覚える程でした」

気持ちが落ち着いた美優さんたちは、儀式を行う前と同様に自撮りをする事にした。

一生懸命に笑顔を作って撮影したが、二人の顔を疲れ切っていた。

「死んだ目をしてる、なんだか生気が感じられない、なんて言い交わしてました。でも、おかしな事に気付いちゃったんです」

美優さんたちは、最初に自撮りを行ってすぐにエレベーターに乗り込んでいた。そして、マンションでは怪現象にあったとはいえ、誰にも会う事なくスムーズにエレベーターで移動を繰り返している。

つまり、移動は短い時間で終わるエレベーターのみで、それぞれ到着した階で過ごした時間も数秒のはずなのだ。それなのに、エレベーターの乗る前と乗った後の時間がかみ合わない。

二人が撮ったそれぞれの自撮りの撮影時間には、一時間以上の隔たりがあったのだ。

これはおかしい、と感じた美優さんたちは何があったのか話し合った。

目撃した怪現象は、お互い同じものであった。パンを投げたのも間違いない。

「そうしたら友人が『私、階段で五階まで昇ってパンを確認してみる』って言い出して。どうなるかわからないから止めようって言ったんですが、わからないままのほうが怖いからって」

美優さんが止めるのも聞かず、友人は及び腰になりながらも再びマンションに向かった。

美優さんはマンションの入り口付近で友人の帰りを待った。

いつまでも帰ってこないのではないかという恐怖で、待つ時間がとても長く感じられた。

やがて戻ってきた友人は、何か怖いものを持つようにパンの包みの端っこを持って戻ってきた。

「友達が持ってきたパンに、黒いシミがびっしりと浮かんでいたんです。もう何年も放っておいたような……何かに汚染されたような」

二人はマンションのごみ捨て場にそのパンを捨てた。結局、怖くなって投げたパン以外の買い溜めたものも手を付けず、処分する事にしたらしい。

「あの出来事があってから、半年はエレベーターに乗る事ができませんでした」

後日、友人と長い間話し合った美優さんは、首をかしげた。

もともと昼間からあちこち探し回っていて、五反田駅も入念に探索していたのである。

けれど、夕方になった途端あの寂れたマンションが見つかるのは不気味だ、と。

それっきり、美優さんはそのマンションを訪れていない。

マンションの大体の位置を教えて貰った私もまた、そこに行ってみるべきか迷っている。


（二〇二〇年　十二月二十日　新橋にて採話）

神社にあるもの

神社や仏閣を回るのが趣味の逢坂さんの話。

逢坂さんは一人旅で島根県にある有名なパワースポットの神社を訪れていた。

大きな社にいくつもの建物が並ぶ中を、観光しながらゆっくりとお参りしていく。

一番奥にあるお宮に参拝した帰り道、ふとお宮の脇に奇妙な道があるのを見かけた。

道と行っても、草も木も無造作に生えて一見して参拝の順路とは思えない。

しかし、なぜかその時の逢坂さんにはあるかなきかの人が通れる道が見えた。

その道に気づいた時には、逢坂さんは知らぬ間にそこへ向かって歩き始めていた。

「普段ならそんな危ない道行かないのですが、なぜか行かなければならない気がして、無意識のうちに足がそっちの方に向かっていました」

道はどんどん険しくなっていく。

もはや道とは到底言えないような鬱蒼と草が生い茂る中を、逢坂さんはかき分けて進んでいく。

木々が枝を伸ばし、昼間でも薄暗い。

道無き道を、逢坂さんは黙々と進んだ。

歩きながらも、逢坂さんの意識は何かに隔てられているように、自分で身体を動かしている感覚は無かったそうだ。

コントロールの効かない身体に徐々に恐怖を覚えていく逢坂さん。

逢坂さんは草木の生い茂った階段を上りきり、開けた場所に出る。

そこには、雑草ひとつ生えていないぽっかりと開いた空き地があった。

空き地には、細いロープと竹と思しきもので四角く括られた空間があり、その真ん中には木造りのお社が見て取れた。

こんな所にも社があったのか、と思い逢坂さんは参拝すべきか束の間悩んだ。

それにしても、こんな場所に不自然に建てられているのはおかしい。周囲を囲む縄も、まるで何かを拒んでいるように感じられた。

——ここは良くない場所かもしれない。

考えている間にも、相変わらず自由の利かない逢坂さんの身体は、まっすぐにお社に向かっていく。

「なぜか身体はお社に進んで行くんです。だけど直感と言いますか、自分の感覚ではこの中に入ったらまずいっていう思いがあってなんとか身体を動かさないように歯を食いしばりました」

心と身体が葛藤するような時間を過ごしていると、突然逢坂さんの顔に大きめの昆虫がぶつかってきた。すると、途端に身体が自由に動くようになった。

そこからは夢中で来た道を戻り、参拝したお宮のそばまで駆け戻った。

奇妙な事に、戻ってみるとお宮の周辺には誰もいない。

有名な観光地でもあるはずで、実際逢坂さんがお参りした時は人が多く見受けられた。

だが、戻ってきた逢坂さんの目の前には閑散とした神社の光景が広がっている。

怯えながらお宮を出て入り口近くまで引き返した頃、ようやく人出が戻ってきたのだという。

「あの出来事から、しばらくの間は一人でお宮参りはできなくなっちゃいましたね。最近はようやく行けるようになりましたけど、決して妙な脇道を見てしまわないように気をつけています」

神社の脇道に逸れた空き地に奇妙なものが建っている、という話は全く違う方からも伺った事があった。私の家の近所の神社にも、脇道は無いもののお宮の横に大きな空き地がある。ただ、空き地を隅々まで探してみたものの、社のようなものは見つける事ができなかった。

神社にある空き地にどのような意味があるのか、これからも調べていきたいと思う。

（二〇二〇年　十月四日　メール取材にて採話）

車の軌跡

北海道、函館市出身の田嶋さんの話。

函館には外国人墓地があるのだという。

田嶋さんは友人たちと連れ立って、車でその墓地に肝試しに出かけた。

外国人墓地は日本のお墓と比べると墓石のバリエーションも多く、信仰していた宗教などの違いのせいか沢山の不思議なマークも描かれていた。

そういったものが目新しくて、田嶋さん一行ははしゃいでいた。

広い外国人墓地を懐中電灯を片手に、皆で珍しい墓石を見つけては指さしながら、ワイワイと騒ぎながら見て回る。

墓地散策を堪能しながら、会話にも花が咲いたそうだ。

独特な風景はある種の非日常感覚を覚え、肝試しは大いに盛り上がった。

「まぁ、肝試しというか観光みたいな感じになりましたけどね。興味深い所でした」

ひとしきり外国人墓地の探索を終えた田嶋さんたちが、車で家路につく事にした。

見知らぬ場所であったので、来る時も帰りもカーナビが頼りだ。

ただ、カーナビが記した帰りの道は行きとは違う道筋だった。

田嶋さんは首を傾げたが、ナビゲーションが言う事だから間違いはないだろうと車を発進させた。

「山というほどでもないですけど、地形が入り組んでいる場所なのでそんな事もあるのかなって気にしないで走っていたんですが」

しばらく走り続けて、田嶋さんは妙な違和感を覚えた。

やたらと、左折が多いのである。

左折して、少し走るとまた左折……そんな事が数度あった。

「険しい道で、迂回しながら進んでるとも思いました。ただ左折が妙に多くて変でした、だって左折ばっか繰り返していたら、同じところをグルグル回っている事になりますよね」

ちょっと設定を見直そうか……そう思った矢先、カーナビが右折を指示した。

今までと違う指示が出た事に安心し、田嶋さんは自分の気にし過ぎかな、と思った。

その後も走っては曲がる事を繰り返していく。

左折、左折、しばらく走っては右折。

数度そんな案内が続いた時、さすがに違和感を覚えた田嶋さんはいったん車を止め、カーナビを確認した。

助手席や後部座席に座っていた友人たちも騒ぎ始める。

全員で確認したが、出発地点も目的地も設定ミスはない。

来た時の時間からして、もう市街地に出て良い時間走り続けている。

不意に、せまい車の中に閉じ込められているような息苦しさを感じた。

再び不安に襲われた田嶋さんは、カーナビで走行経路の確認をしてみる事にした。

すると、驚いた事に田嶋さんの運転していた車は外国人墓地を中心に、十字架を描くように走り続けていたのだ。

「びっくりしましたよ、十字架の真ん中に墓地があって……祟られるのとはまた違うのかもしれないですけど、それでも道楽気分で行くような場所じゃなかったなって」

結局田嶋さんたちは一度墓地まで戻り、手を合わせてからカーナビの電源を切り、来た時の記憶を頼りに暗い道を走っていった。

田嶋さんの記憶力はしっかりしたもので、帰りの道は迷う事なくスムーズに行けたそうだ。

帰りの車内は皆一様に押し黙っていて、明るい市街地へ出た時には安堵から大きく息を吐いた。

「その後はカーナビも正常に動くようになりました。十字架を描いて走ったのも何かの供養になっていたらと今は思うんですけど。あそこで眠っていた人たちがどう感じたのかまではちょっとわからないですね」

幸い、この日肝試しに参加したメンバーの間に何か不幸が訪れるという事はなかった。

それでも田嶋さんはカーナビを買い直し、今後は安易な行動は控えようと決めたのだという。

（二〇二一年　五月十日　戸塚にて採話）

引き回す

ライターをしている篠崎さんの話。
夜、篠崎さんがいつものように寝ていると妙な気配を感じた。
季節は春であったが、異様に冷え込んだ空気が流れる。
篠崎さんは眠る時は部屋を真っ暗にしているので、目は開けず気配を探った。
寝室の空気が重く、まるで圧し掛かってくるようだ。
空間が、ジジィとうるさい。あるいはこれは耳鳴りだろうか。
そんな事を考えていると、ゆっくりと篠崎さんの掛け布団が剥がされた。
音も気配もしない。それなのに布団だけ払う事など可能なのであろうか。
篠崎さんは自分が今夢の中にいるのか、現実の出来事なのか判別できずに混乱する。
布団を取り戻そうと手を伸ばそうとして、思うように身体が動かない事に気が付いた。

おかしいと感じて目を開こうとしたが、それも思うようにできない。

眠気とも違うおかしな瞼の重さに抗おうとした時、ふっと篠崎さんの足が何かに持ち上げられた。

感触はない。冷たさも暖かさも感じない。

しかし、自分の意思とは無関係に足が持ち上がり、ゆっくり動かされる。

やがてズルズルと足ごと身体も引きずられていく。

畳に擦れる音も、息遣いも、身体が動かされる物音もしない。

「これは何かまずいものだなって感じて。絶対に目を開いてはいけないと思いました」

身体に力が戻らないまま、目を瞑った篠崎さんは部屋の中を引きずり回される。

視界がないだけ、感覚は研ぎ澄まされていく。

どうやら篠崎さんの足を掴んだ何かは、部屋の中をゆっくり引き回しているようだった。

部屋の隅まで動かし、また次の隅まで運び、さらに奥の隅へ……。

四角い四畳半で寝ていた篠崎さんを、部屋の隅から隅へ何度も移動させる。

「でも変なんですよ。部屋の中の物には全くぶつかる事がなかったんですから」

延々と続く引き回しに、いつしか篠崎さんの意識は遠くなって行った。

翌朝、篠崎さんが目覚めると掛け布団は全て剥がされ、滅茶苦茶に散らばっていた。

とても寝相でどうこうなるような散らかり方ではなかったそうだ。

ただ、あんなに引き回されたのに、部屋の中は整頓されたままだった。

「ちょっと謎なんですよね。だって掛け布団を剥がすって事は物理的に触れていた事になると思うんですよ。でも、散々引きずり回されたのに、部屋の方は綺麗なままで。物理的な何かなのか、霊的な存在なのか判別できなくて」

感覚的には夢だと思うんですけど、と付け加えた篠崎さんが首を捻る。

「それから、同じ事が何度も続いたんです。身体は動かないまま、部屋の四隅を引き回されて。でも絶対見ない方がいい気がして、目を開ける事はなかったですね」

私が直近で引っ越したり訳アリ物件に暮らしたりした事はないかと尋ねると、篠崎さんは首を横に振った。

「生まれた時から暮らしていた実家での出来事なんです。後々家族に聞いてみたら、家族も皆その時期に金縛りを体験していたみたいで。でも、部屋の中をぐるぐる動かされたっていうのは僕だけだったみたいです」

篠崎さんの奇妙な体験はしばらく続いた。

目を開く事はなかったので、自分を引き回していた何かの正体は不明のままだ。

ただやはり、部屋の乱れなど無い事、家族も金縛りを経験していた事などから、霊的な現象だったのだろうと今は考えている。

「最近は普通に眠れています。物凄く怖かったですけど、ずっと無視していたのが良かったのかもしれないですね。向こうだって、相手にされなければ張り合いがなくてそのうちどこかに行っちゃうでしょうから」

篠崎さんはそう言って笑った。

今は篠崎さんは何事もなく平穏に眠れているという。

ただ、明晰な夢を見た日には、どうしても夜毎引き回された日々を思い出してしまうそうだ。


（二〇二一年　八月七日　川崎にて採話）

読み聞かせ

雑貨店に勤めている駒田さんの話。

駒田さんは現在は神奈川に住んでいるが、出身は熊本である。

熊本の山が連なる、人口密度のとても低い場所で生まれ育った。

「私が住んでいた所はすっごく辺鄙《へんぴ》で。今では集落にうちの実家を合わせて二軒しか人の住んでいる家はないくらい。限界集落そのものですね」

駒田さんが不思議な体験をしたのは小学生低学年の頃だ。

その時はまだ彼女が住んでいた場所にもそこそこ人が住んでいて、ご近所さんなどもいた。

駒田さんは当時から本が大好きで、小学校の図書室に足しげく通い、沢山の本を借りていた。そして、借りてきた本を近所のおばあちゃんに読み聞かせていた。

「いつもお庭にブルーシートが敷いてあって。そこに私とおばあちゃんが座って、読み聞かせするんです。おばあちゃんはいつもニコニコしながら聞いていてくれました」

ご近所さんと言ってもおばあちゃんと駒田さんには元々面識がなく、駒田さんはおばあちゃんの名字も知らなかった。

いつ頃から借りてきた本を読み聞かせる習慣ができたのかも、はっきり覚えていない。ただ、駒田さんが本を抱えて庭先に行くと、いつも微笑みを浮かべたおばあちゃんが玄関から出てきて、二人でシートに座ってお話が始まるのだ。

おばあちゃんはいつも笑顔で、読めない漢字につっかえたりする駒田さんの読み聞かせに付き合ってくれていたという。

物静かなおばあちゃんは、喋る事もほとんどなかった。

それでも駒田さんが訪ねると、いつでも歓迎してくれていた。

「結構長い間、私とおばあちゃんはそういう関係が続いていたんです。もう小さい頃の記憶だから、はっきりとした期間は思い出せないんですが」

いつしか駒田さんは昆虫を追いかけたり、外を走り回るのが好きになっていった。

それとともに、おばあちゃんの家に行く頻度も減っていった。

時折おばあちゃんの家を訪ねると、いつもと変わらぬ様子で迎えてくれて読み聞かせが始まる。

その関係は途切れ途切れになり、やがておばあちゃんの家に行く事も無くなった。


そんなある日、駒田さんはお母さんに連れられて、おばあちゃんの家の前を通った。

おばあちゃんの家の前には大きなクレーン車などが並び、家の取り壊しが行われていた。

「おばあちゃんの家、無くなっちゃうんだね。おばあちゃんはどこかに引っ越しちゃったのかなぁってお母さんに聞いたんです。そしたら思わぬ答えが返ってきて……」

駒田さんのお母さんいわく、あの家は長い間誰も住んでいない空き家だったというのだ。

でも、おばあちゃんがいたよ。と駒田さんが言っても、お母さんは首を傾げるばかりであった。

「私が夢とか幻を見ていたって事はないと思うんです。今でも読み聞かせをしていた記憶はハッキリと残っていますから。でも、どうして私があの場所で、見知らぬおばあちゃん相手に読み聞かせなんてする関係になったんだろうって。その切っ掛けはどうしても思い出せないんですよね」

おばあちゃんの家は更地になり、何もなくなってしまった。

今ではどこがおばあちゃんの家の有る場所だったのかも、思い出せないという。

（二〇二〇年　十一月一日　横浜にて採話）

交差点にて

神奈川県でアパレルショップの販売員をしている野宮さんの話。

野宮さんが早番の日、仕事も無事に終え帰宅の途についた時の事だ。

野宮さんの勤めるショップは駅前にあり、大きな交差点を挟んで駅に続いている。

日が傾き、夕暮れ時になった交差点で野宮さんは信号待ちをしていた。

右左折が入り組み、バス停の発着所でもある交差点は絶えず車が行き交っている。

長い信号をため息交じりに待つ。

駅に向かう歩道にも、駅からこちらに来る通りにも、信号を待つ人で溢れかえっていた。

片側三車線の広い道路から、向こう側に立つ人々を見るでもなくぼんやり視線を送る。

すると、野宮さんはその中に、異様な人物を見つけた。

「若い女性だったんですけど……。全身ボロボロで、着ている衣服も破れてて足は裸足だし。何より血まみれのまま突っ立っているんですよ」


しかし、そんな異常な姿をした人を、誰も見ている様子がない。

どうしたって目線を送ってしまいそうなものだが、多くの人は手元のスマートフォンに視線を落とし何も気付いていないようであった。

あれほど血が出ていれば匂いもするであろうに、向こう側で信号を待ちをしている人たちも、何事もないように各々思い思いに時間を潰している。

「見ないようにしているのかとも思ったんですけど、そんな人がそばに居たらチラチラと視線を送るくらいはしますよね。僕なんて救急車を呼ぶべきかずっと気になってましたし」

これはどういう事だろう。訝しんだ野宮さんは、ふとある事に思い当たった。

この駅前の交差点は、入り組んでいるせいか事故が多いのだ。

交通整理に警察が出ている事を見た記憶が何度もある。

ニュースで流れるような悲惨な事故も何回か起きていた。

あの血まみれの女性は、そうした事故の犠牲者なのではないだろうか。

周囲に居る人たちは彼女を見ないのではなく、見えていないのではなかろうか。

そう考えると、野宮さんの背中に冷たい汗が流れた。

間もなく信号が変わる。

道を変えるべきか、しかし他の道は大きく遠回りしなければならない。

ごくりと唾を飲んだ野宮さんは、このまま交差点を渡る事に決めた。

「素知らぬ振りをしてやり過ごすしかないかなって思いまして」


信号が変わると、両側の道から一斉に待っていた人たちが歩き出す。

血まみれの女性も、裸足の足でゆっくりとこちらに向かってくる。

徐々にはっきりと見えてくる女性は骨が突き出て、今にも目玉が片方落ちそうな姿だ。

折れ曲がった脚を引きずるように、少しずつ歩を進めている。

野宮さんは震えで止まってしまいそうな足に力を入れ、早足で交差点を渡っていく。

得体の知れない女性からなるべく離れて進みたかったが、人波で思うようにいかない。

結局、野宮さんは血まみれの女性のすぐ横をすれ違うハメになった。

呼吸を乱さないように。

視線を向けないように。

何も知らない振りをして。

野宮さんは自分に言い聞かせながら、女性とすれ違う。

――無事にやり過ごせた。

ほっとして胸を撫でおろした野宮さんの耳元に、粘着質な低い女の声が聞こえた。

『見えてるくせに』

（二〇二一年　三月五日　川崎にて採話）

足音

日常的に市販薬の過剰摂取（オーバードーズ）をしている水野さんの話。

「僕がまだ二十歳前の話です、クスリなんか始める前ですよ。だから至って健全な時の体験談として聞いてほしいんですが」

若き日の水野さんは実家に住んでおり、一階が水野さんの部屋。二階に両親の部屋があった。

ある夜、水野さんの自分の部屋にいると階段の方からミシミシと木の軋む音が聞こえてきた。

水野さんの家の階段は木造だったので、誰かが降りてきたのだろうと思ったという。

しかし、階段の音は上の階から下へ降りてくるだけで、いつまでも上がっていかない。

何をしているんだろう、と不思議に思いながらもその時はあまり気にも留めなかった。

しかし翌日の夜、また階段を下りてくる音がする。

耳を澄ませてみても、いつまでも上っていく音はしない。

そんな事が毎晩続くようになった。

「一階には台所や冷蔵庫があったので、両親のどちらかが用事があって来たのかなとも思ったんですが、それにしても上る時だけ音がしないのは妙な話で」

ある夜、再び階段を下りる音が聞こえた時、水野さんは自室のドアを開いて音の主を探した。

そこに広がっているのは静けさと夜の暗闇だけ。

水野さんのご両親の姿はどこにもなかった。

電気も点けずに下りてきたのかもしれないと思った水野さんが灯りを点けてみても、やはり人っ子一人いないのであった。

「怖くって、鳥肌が立ちましたよ。でも人間不思議なもので、こういう現象でも日を追うにつれて慣れていくんですよね」

古い家である。湿気か何かの加減で木が鳴っているだけかもしれない。

水野さんはそんな風に考えて、毎晩聞こえてくる音も気にしないようになっていく。

毎晩のように続く階段を下りる音。

その日も水野さんは、ああ、またか……と思いながら音を聞くでもなく感じていた。

けれども、この日は階段を下りきった後も音が鳴りやまなかったのである。

ミシミシと床を鳴らして動く足音が、水野さんの部屋の前までやってきた。

これは湿気のせいなんかじゃない——。

水野さんはそう感じたが、もしかしたら今日の音は本当に家族の足音なのかもしれないとも考えた。

だとすると、その家族は水野さんの部屋の前で突っ立っている事になる。

「何か用っ!?　ってでかい声で怒鳴っちゃって。当時は血の気が多かったんです」

ドアに向けて声を掛けたが、一向に返事は返って来ない。

——ふざけてんのかよ。

そう思うと今までの音も家族のせいだったのではないかという思いも出てきた水野さん

は、苛立ちながらベッドから飛び起きて勢いよく部屋のドアを開いた。

そこには、真っ暗な廊下が広がっているだけであった。

水野さんは頭から血が下がっていくような感覚に襲われる。


その後も音は鳴りやまず、ある日水野さんは友人を家に泊めてみる事にした。

階段の音の異変は話しており、これが自分だけに聞こえるものなのか、それとも誰にでも聞こえるのか検証してみようと考えたのだ。

夜になり、階段を下りる音がする。

水野さんは友人と二人で勢いよくドアを開け、懐中電灯で音のした場所を照らした。

「だけどやっぱり何もないし誰もいないんです。友人も血の気を失ってましたよ」

自分だけが聞こえているわけじゃない。

それならばやはり物理的な何かなのではないか。

そんな風に無理やり自分を納得させて、水野さんはその音をなるべく気にしないように暮らしていた。

それから一週間ほどが過ぎた時の事。

もう音にも慣れてきた水野さんは、部屋の前までやってきた音にため息をついた。

しつこいな、と思っていると水野さんの部屋のドアがコン、とノックされた。

——今度こそ人間の仕業だ。

ノックをしたのだから、音の主はいるはずだ。音が幻聴ではないのは友人も確認している。

「何の用？」

水野さんはぶっきらぼうに言ったが、返事はない。

ドアを開ける。

そこにはノックしたはずの誰かは存在せず、暗闇だけが静かに佇んでいた。


「だけどね、不思議な事にそれから足音と思われる音はしなくなったんです」

あれはなんだったのかと考えると、水野さんは今でも鳥肌が立つという。

ただ、階段から部屋の前まで続く足音らしきものが止んだ後、水野さんの部屋には再び異変がやってきている。

いか。

「部屋にいると視線を感じるんですよね。でも振り返っても誰もいなくって」

ノックされたドアを開いた事で、階段に居た何かを部屋に招き入れてしまったのではないか。


視線を感じるたびに、水野さんは寒気を覚える。

氷のように冷たい感覚が背中から両肩に、そして首筋まで這い上がっていく。

部屋の視線が気になり、部屋の外の微かな物音にも敏感になる。

クスリを過剰摂取するようになった今でも、視線を感じる事は幾度となくあるという。

「意識が朦朧としている時は出てこいよ、なんて気軽に言っちゃうんですけどね。これってやっぱり何か取り憑かれているのかなぁって。いい加減良い歳だし実家を出てもいいかなって思うんですけど、先立つものが無いんですよね」

水野さんはすっかりそげてしまった頬を微かに動かして、力なく笑った。


（二〇二一年　十二月二十八日　杉田にて採話）

冷える夜

東京で事務の仕事をしている弘子さんの話。

こちらの話は弘子さんが怪異に出遭った瞬間をリアルタイムで書き綴って下さったものだ。

その性質上、できる限り文章をそのままにお伝えできればと思う。


父方の祖父が亡くなりました。

祖父は婿で、こちらには親戚はいません。

私の父はすでに亡くなっており、兄弟もいないので、葬儀は祖母と母と私で仕切っています。

今、祖父母の家には私と亡くなった祖父の二人きりです。

「〇〇なら俺の隣で寝てるよ」というネットでよく使われる言葉がありますが、私は今まさに、亡くなった祖父の隣に寝ています。

遺体の腐敗を防止するためのドライアイスのせいでとても寒くて、暖房もつけられないので、今、文字を打つ手が震えています。


祖母は祖父の訃報を聞いて体調を崩し、病院に行っているのですが、病室を離れる際に「誰か一人、今晩、おじいさんの側にいなさい」と言いました。

私には弟がいるのですが、離れた場所に出向しています。

こちらに向かっているそうですが、到着は明日の朝になるそうです。

母は祖父母の家の勝手がわからないのと、嫁姑関係があまりよくないため、渋っていました。

結局、私が祖父と一晩過ごす事になり、今に至ります。

祖母は父を出産した後で、今の祖父と再婚しました。

そのため、私と祖父は血は繋がっていません。

ですが、私と弟の名前には、祖父と共通の漢字が使われています。

母に尋ねると、どうやら父の意向だったようです。徳川将軍家じゃあるまいし、と思っていましたが、今思うと亡き父が血の繋がらない祖父に気を遣って付けたのかもしれません。


隣に敷かれたドライアイスが本当に寒くて、誤字が多いかもしれません。

日中はとても暖かかったので、文字通り温度差に風邪をひきそうです。

祖父母の家の、凍えるように真っ暗な仏間で、亡くなって冷え冷えとしている祖父の隣に寝ていると、どちらが死んでいるのかわからなくなってきます。


何故突然、こんな事を書き始めたかと言いますと、仏間の障子の向こう側の廊下を、誰かが行き来している足音がしているからです。

しかし、今夜ここに生きている人間は私しかいません。だとすれば……。

ゆったりとした足取りのようですが、祖父の足音とは思えません。

祖父は腰が悪く、片足を引きずるような歩き方をしていました。

若い頃の祖父でしょうか。人は死ぬと、自身の記憶がいちばん強く残っている姿になるという話も聞きます。今流行っているソーシャルゲームでも『キャラクターは全盛期の肉体で現れる』と書かれていた気がします。


ここまで書いてきて、ふと気づいたのですが。

足音は行き来しているのではなく、廊下の突き当たりの洋間に向かって歩いていったきりで戻ってくる気配がありません。

沢山の足音が廊下を歩いていって、洋間の方に消えていきます。


祖父の姿がご近所に見えないように、家中の雨戸という雨戸はしまっています。

電気を消すと、家の中は真っ暗です。

数年前の台風で大規模半壊した祖父母の家は、一部リフォームされています。

ボタンを押すと、すぐに電気が点きました。

相変わらず、部屋はドライアイスのせいで、尋常ではない寒さです。

先ほど今私の居る、祖父母の家がある地域の外気温を調べてみました。

今夜はかなり暖かいようです。


果たしてこの寒さの原因は、本当にたった数個のドライアイスのせいだけなんだろうか。

そう思ったので、今この文章を打っています。

廊下の足音は、今も延々と続いています。

もしこれが霊だとしたら、洋間にはいったいどれほどの霊が集っているのでしょうか。

ひどく寒いです。文字を打つ手も震えています。

今、私の寝る部屋の前で不意に足音が止まりました。

寒さが増した気がします。私には部屋の前を確認する勇気はありません。

今は少しでもはやく夜が明ける事を願うばかりです。


（二〇二二年　九月三日　メールより採話）

散歩道の声

カメラが趣味の千堂さんの話。

ある夏、千堂さんは長野の実家へ帰っていた。

千堂さんの実家は山の中腹にあるちょっとした集落のような村だ。

住んでいるのはほとんどがお年寄りで、若い千堂さんがいると少し浮いた気持ちになる。

夏季休暇中で気ままであったが外は蒸し暑い日が続いて、どうにも外に出る気にはならない。

エアコンの効いた部屋でぼうっと過ごすのが日課になりつつあったが、せっかく帰省して自然の多い場所にいるのにこもりっぱなしも勿体ないと思い立った。

そして早朝のまだ涼しい時間を狙って、カメラを片手に散歩をするようになった。

千堂さんが歩く道は基本的に整備された道路だ。

近くには山の中のハイキングコースもあったが、なんとなくそちらには気が向かない。とはいえ山間部の道なので、道路といっても周囲を木々に囲まれたちょっとした森という雰囲気の場所である。時折ガードレールなどがあっても曲がっていたり、色褪せたりしていた。

ガードレールの向こう側は崖になっている。


特に車通りが多いわけでもなく、歩いている人もたまにしか見かけない。

ひっそりとした道が、千堂さんの朝の散歩コースになった。

「薄暗い森の中ですけど、地元という事もあったし特に怖いとかは無かったです。ただ涼しい時間に涼しい場所を歩く事にしたってだけですね」

ある日、いつものように千堂さんが歩いていると、全く人と出くわさない事があった。

まぁそんな時もあるだろう。軽く考えて気ままに景色の写真などを撮りながら歩く。

散歩道の上が丘のように開けている場所に差し掛かった時、そこから声が聞こえてきた。

耳を澄ますと男性が数人いるような感じで、おそらく木の伐採などの作業でもしているのだろうなと思いながら散歩を続けていく。

「でも、その時になんとも言えない違和感を覚えたんです」

よくよく考えてみると、声は聞こえたのに気配も人影もなく、なんの音もしなかった。

声だけが、耳に纏わりついてくるようだ。

ちょっと気持ち悪いな、と思いつつ千堂さんが足を速める。

すると今度は後方から複数の人が話す声が聞こえてきた。

後ろから誰か来たかなと思い振り返るが、そこには人の姿はない。

「あれ？　って思いましたね。間違いなく後ろには誰もいないのに、声はするんですよ」

散歩道はガードレール越しに崖になっている場所に差し掛かる。

そういえば、崖の下はハイキングコースになっていた場所だ。そこからの声に違いない。

自分に言い聞かせるようにして歩き続ける。

なんとなく、止まるのも怖い気がしたのだ。

「それでもやっぱりおかしいんですよ。理由は単純で、後ろから聞こえてくる声がずっと同じ距離なんです。近づく事も遠のく事もなく、おんなじ大きさで聞こえ続けるんです」

ハイキングコースもすでに通り過ぎている。

相変わらず散歩道に人はいない。だから声が聞こえるわけがない――。

それでも、千堂さんについてくるように声が追ってくる。

東の間千堂さんも迷ったが、やはり足を止めるのは賢明ではないと判断し、歩き続ける。

すると、次第に声が近づいてきた。

ついには、何を喋っているのかはっきりと聞き取れるまでになっていく。

『ここはどこじゃったかな。ちょっと早いか』

『そこにいくか、こっちはだめだ』

『あっちにいこう。戻りたくない』

千堂さんからすれば支離滅裂な会話が繰り広げられる。

走るか、振り返るか。気付かない振りを続けてこのまま歩くか。

迷っている間にも会話は続く。

『聞こえるか？　聞こえるか？』

『こっちや、こっち、こっち』

呼ばれている？　と感じた千堂さんの足が無意識のうちに止まりかけた。

すると、まったく別方向から、再び明瞭な声が頭の中に響いた。

『聞かんでええ、ほっとき』

その言葉にはっとした千堂さんは、再び早足で散歩道を進んだ。

前方に見えた大きな曲がり道を急いで通った時、先ほどから聞こえ続けていた声が止んだ。

安堵した千堂さんは、それでも念のため少し進んでから声のした方を振り返った。

そこには何もなく、いつもの散歩道の光景が広がっているだけである。

思い出したように首から提げたカメラを構え、千堂さんは数回シャッターを切った。


千堂さんは奇妙な体験をしたにも拘らず、その後も毎朝その散歩道を歩いたそうだ。

あの日以来、特に怖い目にもあっていないという。

もうすぐ実家滞在も終わるという頃に、千堂さんは母親にあの日起きた出来事を話した。

そこで母親に言われて気付いたのだが、あの日はちょうどお盆の前日であった。

近くにある村のお墓から、普段迎え火、送り火を焚く場所を地図で確認してみると、ちょうど一本の線で結ばれる場所があった。大きな曲がり道を通る前の散歩道のコースだ。

千堂さんの母親は「ちょっと急ぎ過ぎた人たちが帰ってきてたんやろ」と言って田舎あるあるやなと笑っていたそうだ。後日確認した、その日に撮った写真には、蛇のように道がグネグネと歪んだ風景が写っていた。

「写真はびっくりしましたけど、実際うちのお袋は僕よりそういうものに敏感で。そのお袋が言うならそうなんだろうなって」

話し終えた千堂さんがふぅ、と息を吐いて呟いた。

「だけど……あの声に呼ばれるままついて行ったら、今頃、僕はどうなっていたんでしょうね」

（二〇二二年　九月二日　大崎にて採話）

夜迷い

インターネットで配信業をしている長谷川さんの話。

長谷川さんはおよそ十年前、千葉に住んでいた。

千葉県最南端の館山市に、友人三人と車で花火大会を見に行ったそうだ。

「館山の花火大会は物凄く人気で、千葉県内はもちろん他県からも大勢の人が花火を見にやってくるんです」

花火大会も終わり帰路につこうとした長谷川さんたちであったが、花火大会には立地上ほとんどの人が車で来場していた。そのせいで、駐車場から出るだけでも一時間待つ事になった。

帰り道の内房沿いの国道も、ひどい渋滞を起こしている。

渋滞を避けようと考えた長谷川さんたちは国道を避け、おそらく自宅の方向に向かっているであろうと思われる山道へ入っていった。

「当時はまだスマートフォンの普及も進んでなくて、車にもカーナビがついていなかったので地図本を取り出してそれを見ながら進んでいたんですが、途中で迷っちゃって」

現在位置もわからないため、地図本を見てもどこをどう走ればよいのかわからず、街灯も無い山道をあてどもなく車を走らせた。

すると、小学校のグラウンドより少し小さいくらいの広場にたどり着いた。

ただ広場の先にはどこにも出口が無く、長谷川さんたちは行き止まりになってしまう。

周囲には民家のようなものも三軒ほど見えたが、まだ二十二時前だったにも拘らず、どの家の灯りも消えてしまっていて真っ暗であった。

何の音もしない静かな場所だったが、長谷川さんはどうにも誰かに見られているような気配を感じ、あまり長居はしたくないなと思った。

運転手の友人を促して、最後に曲がったT字路まで戻る。

そしてさっきとは反対の方向に進んでみる事にした。

十分ほど車を走らせていると、進行方向の右手側に巨大な真っ赤な鳥居が見えてきた。興味を引かれ、長谷川さんたちは鳥居のそばに車を止める。

長谷川さんは後部座席に座っていたのだが、皆が鳥居を眺めて「すごいねー」「大きいねー」と言い交わしている間に気分が悪くなってしまう。

鳥居を見ると、気持ち悪さが増していくようであった。

「まるで鳥居がこっちをじっと見ているような感じで、段々体調も悪くなってきて」

一体なんだろう、と思い鳥居を凝視してみると、鳥居の左上によくわからない奇妙な白いモヤのようなものが見えた。

長谷川さんは友人たちにそれを指さして見せ「あれは何だろう?」と聞いてみる。

しかし、皆にはそれが見えないらしく、友人たちは不思議そうな顔をするだけであった。

「あそこの白いモヤだよ、ってもう一度指さしたら、急に喉の奥を締め付けられたようになって」

苦しみながら見たモヤの奥では、長谷川さんをじっと見つめてニヤニヤとしている老人らしき顔が現れた。

その途端、心臓を押しつぶされそうな痛みに襲われ、長谷川さんは呼吸も満足にできなくなってしまう。わけもわからず、長谷川さんはパニックに陥った。

長谷川さんがいきなり苦しみ始めたので、友人たちも大慌てである。

なんとか声を振り絞り「出して！　車出して！」と運転席の友人に訴えた。

運転手の友人が慌てて車を走らせ、五分ほど進んだ頃、長谷川さんの身体に起きていた異変がふっと消え去った。

走行中の車内で今起きた事を皆に説明している間に、車は山道を抜け国道に戻る事ができた。

国道に戻ってからは体調に問題も無く、一緒に居た友人たちにも何も問題は起きていない。

けれど、どうしてもあの不吉な感覚が気持ちに引っ掛かった長谷川さんは、後日あの鳥居はなんだったのか調べてみる事にした。

アテはなかったが、何と言ってもあれだけ大きな鳥居である。

何かしらの観光名所にでもなっているだろうと考えたのだ。

ネットを駆使してかなり詳細に調べてみたのだが、結果はかんばしくなかった。

「どれだけ探してみても、見つからないんです。千葉の房総半島の山の中に、あの日見たような真っ赤で巨大な鳥居なんて見つからないんですよ」

とはいえ、長谷川さんだけではなく、あの日一緒に居た友人皆が鳥居を確認している。

その事実が、長谷川さんにとってあれは夢でも幻でもないのだという事を告げていた。

友人たちの間でも話題になり、もう一度鳥居を探しにあの時通った道を走ってみようかなどという提案もされた。

長谷川さんは、どうしてもあの夜の苦しみと恐怖が忘れられず、探しに行くのはやめようと訴え、結局鳥居探しの話はお流れとなった。

「その後はいつも通り過ごせているし、心霊体験とか恐怖体験も別にないんですが……あの事だけは今も鮮明に覚えています。忘れられないって言った方が正しいかもしれません」

喉元や胸を擦りながら、眉間に皺を寄せた長谷川さんが苦しげに言った。


（二〇二二年　三月十二日　ＺＯＯＭにて採話）

事務所の電話

機械整備の工場に勤務する宇喜田さんの話。

宇喜田さんの職場の建物は二階建てで、一階が工場としての作業スペース、二階が会社の事務所に分かれている。

ある日仕事が遅くなり二十二時を回った頃、事務所に居た人たちが出てきた。

「お疲れ様です。二階事務所、全員退社になります」

宇喜田さんにそう報告を入れて、事務員たちが引き上げていく。

宇喜田さんの方はまだ少し機械の手入れ作業が残っていて、残業を続けていた。


二十三時になった頃、宇喜田さんのポケットで社用のスマートフォンが鳴った。

通話を受け納期についての相談に対応していると、二階の事務所でも電話の音が響いた。

事務所にはすでに誰もいないので鳴りっぱなしの状態だ。宇喜田さんも電話中なので、事務所の電話を取る事ができなかった。

至急の用事なのか、事務所の電話は鳴り続ける。

手元のスマートフォンでやり取りをしながら、宇喜田さんは内心焦る気持ちであった。

とはいえ向こうはそんな状況を知る由もなく、通話口の向こうで喋り続けている。

どうしたものかと悩んでいると、不意に事務所の電話が鳴りやんだ。

というよりも、コール音の最中に誰かが電話を取ったようであった。


事務所から「○○株式会社××事務所です」と電話対応する声が聞こえた。

その声は、とても聞き覚えのある声であったという。

話している内容もおおよそは聞こえてきて、電話対応は速やかに終わった。宇喜田さんはまだまだ通話中である。

ようやく電話から解放された宇喜田さんは、事務所に誰か残っていたのだろうかと確認に向かう。

しかし、そこには事務員が全員退社と告げたように誰も残っていなかった。

怖くなった宇喜田さんは、作業もほどほどに帰宅する事にした。

翌朝、宇喜田さんは出勤すると事務所の電話の通話履歴を見て、二十三時頃に話していた取り引き相手の会社に確認の電話を入れた。

宇喜田さんが「昨夜お電話を頂いたようですが……」と尋ねると受話器の向こうの声がはいはいと相槌を打った。

「その件でしたら、峰岸さんに言付けをお願いしましたので、よろしくお願いいたします」

言われた通り事務所の書類を確認すると、取り引きが成立した旨のプリントが置いてあった。

けれど、それはどうしたっておかしい事なのだ。

峰岸さんは三年前、この事務所で心臓発作を起こして亡くなっているのだから。

（二〇二一年　二月九日　駒込にて採話）

墓参り

都内の大学生である由香さんに聞いた話。

由香さんの家族は由香さんと両親と祖父母、それに少し年の離れた弟の六人である。

由香さんの家は毎年お盆には、先祖の骨が収めてあるお墓にお参りに行く。


由香さんが小学生高学年だった時の事だ。

お墓参りは毎年の事だったので、由香さんも墓の掃除などは手慣れてきていた。

遺骨が納められている寺は古くからある場所で、海岸沿いの小山を開発して作られた墓地で片方は山に、もう片方は海の見える崖に面している。

古い墓から新しい墓、それに身元不明の人の墓まで沢山の墓地が集まっていた。

お盆の時期には、ろうそくや線香、お花などが片付けられるように臨時でゴミ箱も設置される。バケツや掃除用具なども貸し出してくれていて、由香さんはそれを取りに寺の端へ向かった。

すると、今までに見た事のない小さな壺が置かれている。

壺はよく見ると何か所も欠けていて、普通の骨壺よりも一回り小さく見えるものだ。

由香さんは不思議に思ったが、気持ちが悪かったので素通りする事にした。


掃除用具を借りに行く時と、それを返す時の二回、由香さんはその壺を目撃する。

すると行きには欠けていただけの壺が、掃除用具を返す時に見ると割れていた。

奥の方から、何か白いものが見える。

なんだろうと興味を引かれて、今まで無視していたその壺を覗き込んでみる。

すると、壺の中には小さな骨が入っていた。

「その時はペット……例えば犬とか猫の骨を入れる壺なのだろうと思っていたんですが、ずっと壺を見ていた私に気付いた祖母が、それは水子を収める壺だと教えてくれました」

とはいえ、掃除用具置き場の通り道にそんなものが置かれているのはおかしい。

不審に思った祖母は、由香さんに何か異変があったらすぐに言うようにと伝えた。

由香さんが壺を見た日の夜に眠りに就くと、悪夢にうなされた。

夢の中で人が燃えていて、助けてと叫び続けている。

濛々とあがる煙と業火、その熱で景色は歪んで見えた。

燃えている人たちは、由香さんに気付くと炎を纏ったままますがってくる。

しかし何か透明な壁のようなものに遮られているのか、由香さんに触れるところまではやってこない。燃えている人は見えない壁を叩くようにして何度も助けを求めて叫び続け、最後は身体が崩れて何もかも燃え尽きて消えてしまうのだ。

灰すらも燃やし尽くそうと、轟々と炎は燃え盛っている。

衝撃的な夢に、由香さんは夜中に飛び起きた。

全身がぐっしょり寝汗で濡れていて、心なしか少し熱っぽいようにも感じられる。


翌朝、その夢を祖母に伝えると祖母はどこかへ電話をかけた。

その日の午後に近所のお寺に連れていかれた由香さんは、二人のお坊さんに長い時間お経を唱えてもらったそうだ。

祖母がお墓参りに通っているお寺に連絡をすると、その壺はやはり水子や生まれたばかりで死んでしまった胎児を供養するための壺のようだった。

ただ、そんなものが何故あの場所に置かれていたのかはわからないという。

由香さんの見た夢は、その水子のお母さんの最後なのでは、とも言われた。

それからというもの、その壺はきちんとお墓に供養されている。

それでも、お盆の時期にお参りに行って似たような壺を見かける事が多々あった。

お寺の住職さんに伝えると、彼はその壺をどこかに持って行ってくれた。

「なんとなく感覚的なものなのですが、私には何かを伝えるためにあそこに出てきているんじゃないかなって思えるんです」

由香さんはどうにも壺を見つけてしまいやすい体質のようで、中学生になる頃にはお盆のお墓参りの際は由香さんは車で留守番をさせられるようになったそうだ。


ある夏。その日も由香さんは車の中に一人残されていた。

日陰に止められた車は、ちょっと蒸し暑い程度で車内で過ごせない事もない。

ただ自分だけお墓参りに参加できないのはやはり寂しかった。

由香さんが気持ちを紛らわせようと海を眺めていると、駐車場の向こうの崖の近くに弟の姿が見えた。どうやら、お墓参りに退屈して遊んでいるようだ。

しかし、あまりにも崖に近すぎる。

心配した由香さんが車を降りて、弟にこっちに来るように大きな声で言った。

けれど弟は由香さんの声を聞くと一層はしゃいで、飛び跳ねては由香さんにもこちらに来るようにと手招きをしている。

「しょうがないなぁ、って見ていたんですけどそのうち本当に崖っぷちまで歩いて行っちゃって。縁を伝って歩くような事まで始めたので急いで弟のもとに行きました」

危ないってば、と言いながら弟のそばに駆けよる由香さん。

その背中に、弟の声がした。

「お姉ちゃん、そんな所で何してるのー？」

由香さんは混乱した。

弟は今目の前の崖で遊んでいるのに、どうして後ろから弟の声が聞こえてきたのだろう。

振り返ると、不思議そうに由香さんを見ている弟の姿があった。

視線を海の方へ戻す。

そこにはやはり弟がいて、崖の縁から由香さんに手招きをしている。

崖のそばで立ち尽くしていた由香さんの服を、背後から来た弟が掴み「お姉ちゃん、そんな所に立っていたら危ないよ！」と由香さんを強く引っ張った。

すると、崖の縁にいた弟の姿をした何かは由香さんに向けニヤリと笑い、崖の下へと消えて行った。

由香さんは息を飲み、弟を待たせるとそっと崖の下を覗いた。

そこには、岩場に打ち付けられた白い泡を浮かべる海があるだけであった。

それっきり、由香さんはお盆の墓参りに連れられる事は無くなったという。


（二〇二二年　八月十九日　武蔵溝ノ口にて採話）

ダムの人影

実家を出て一人暮らしをしている由希子さんの話。

由希子さんには弟がいる。弟は社会人になった今も実家で暮らしているという。

由希子さんの弟は身体を鍛えるのが趣味で、仕事の休みの日には近所のダムに出かけ、そこでランニングをしていた。

「実家からダムまでの距離は車で十五分くらいです。弟はダムまで走って行っているようでした」

母親によると、弟は夕方から夜にかけてのランニングが日課になっているそうだ。

男性でもあるし、身体も大きく武道もたしなんでいる弟の事だったので、夜に人気のないダムに出かけるという行為もあまり心配はされていなかった。

ある日、由希子さんが実家に帰って母親と話していると、仕事から帰った弟が「今日はちょっとその辺を走ってくる」と言って走りに向かった。

その辺ってなんだろうと思った由希子さんが母に尋ねてみると、弟は最近ダムには行ってないらしい。

母親いわく、弟はこの一ヶ月ほどダムには足を向けないようにしているのだそうだ。

「なんで？ て聞くとお母さんが理由を話してくれて」


約一ヶ月前、弟がいつものようにダムにランニングに出かけて行った。

母親は数時間は戻って来ないだろうと、のんびりテレビを見ていた。

すると、いつもよりだいぶ早い時間に弟が帰ってくる。

それもひどく慌てた様子だった。

母親がどうしたのかと事情を尋ねると、弟は短く「ダムの水面の上に、男の人が立っていた」と言った。

弟はそのままお風呂に入り、その後は翌日の出勤時間まで自室から出てこなかった。

母親いわくその数日前にバイクがダムに衝突して死亡した事故があったという。

そのせいで、そういった気味の悪いものを余計に怖がってしまっているのではないか、との事だ。

「ダムの周辺は、確かに時々事故や自殺があります。その件数を特別多いとは感じた事はなかったんですけど、タイミングが重なった事もあり弟も怖かったのかなって」

由希子さんは、何があったのか聞いて弟に怖い気持ちを思い出させるのも悪いと考え、何も聞かなかった。

ただインターネットを使って、確かに最近バイクの死亡事故があった事は確認した。

とはいえ、由希子さんはダムで、ブラックバス目当ての釣り人が浅瀬に立っていた事を何度か見た事がある。

もしかしたら弟はそれを見間違ってしまったのかなと思ったが、それでも少し気になった。

弟は視力も良いし、普段霊的なものを全く信じない人間だった事もある。

「悩んだんですけど、ちょっと実際に見に行ってみようかと思いまして」

気になると行ってみたくなった由希子さんは、ある日弟がいつもランニングしている時間に合わせて車でダムに向かってみる事にした。

薄暗い、人気の無いダムはそれだけで不気味である。

弟はどの辺りを走っていたのかは見当がつかないが、ダムは大きく開けていて、巨大な水面はどこからでも見渡せた。

しばらくダムに目を向けていると、やがてぼんやりとした影が浮かび上がってきた。

それはゆっくりと人の形となり、弟の言うように水面に立っている。

どうみても釣り人ではない。

こんな事で成仏する事もないだろうとは思ったが、由希子さんは影に長い時間手を合わせた。

人影はただ、水の上で何をするでもなく佇んでいるだけであった。

それから、由希子さんは弟の意見もいれダムには近づかないようにしていた。

しかしつい最近、地元の友達に「桜が咲いたらダムに花見に行こう」と誘われてしまった。

少し悩んで、由希子さんは花見に行く事を了承したのだという。

「確かに影は見えましたが、ずっと立っているだけで害は無さそうでしたし。それに花見の時間は弟がランニングしていた時間よりずっと早い時間だから大丈夫かな、と」

この記事を書いている十月下旬は、まだ桜の時期とは遠い。

お花見が終わった頃を見計らって、私はもう一度由希子さんにダムはどうだったか尋ねてみるつもりである。


（二〇二二年　十月二日　代々木にて採話）

団地のおじさん

看護師をしている咲さんの話。

咲さんの住んでいる団地には、咲さんが小さな頃から隣に壮年の夫婦が住んでいた。

お隣さんには子供がおらず、咲さんや妹の事を孫のようにかわいがってくれていたという。

「飴玉をくれたりチョコレートをくれたり。よくなでなでされたりもしました」

咲さんたちが成長するとともに、もちろん隣の夫婦も年を重ねてく。

咲さんが二十六歳になる頃にはおばさんが他界し、おじさんも癌の手術を受けていた。

おじさんが退院してきて半年ほど過ぎた春。

久しぶりに見るおじさんはすっかり痩せてしまい、とても寂しそうであった。

交わす言葉も少なくなって、咲さんはとても心配していた。

そして夏にはおじさんが「ちょっと入院する事になったから頼むな」と咲さんに言った。

それっきり、おじさんを見掛ける事は無くなった。

隣の部屋もすっかり寂しくなり、咲さんも時折夫婦の事を思い出し胸を痛めていた。


咲さんには、夜に星の写真を撮りに行く趣味があった。

特にカメラを用意しているわけではないが、最近のスマートフォンは性能が良いため撮影には不自由していない。

団地の高い階からは街灯の光を気にする事なく星を撮影できた。


その日も咲さんは写真を撮るために団地の中を歩き回っていた。

帰り道、おじさんの部屋から明かりが漏れている事に気が付いた。

あれ、おじさん帰ってきたのかな――？

久しぶりに挨拶をと思ったが、雨戸は閉ざされていて、中を見る事はできない。

後で母親に聞けばよいかと、写真撮影に戻る。

すると、今度はおじさんのところの小窓から、明かりがチカチカするのが見えた。

電気壊れているのかな？　と思った咲さんはおじさんの部屋の前に立ち「おじさん、久しぶり。電気壊れたの？　大丈夫？」と声を掛けた。

しかし、中からは応答がない。

数度ノックして声を掛けてみるが、返事はなくドアの向こうは静まり返っていた。

またおじさんが身体の具合を悪くして倒れていないか心配になった咲さんは、ドアに備えつけてあるポストの投函口からおじさんの部屋を覗き込んだ。

ポストを覗いた先には薄暗い部屋。

咲さんも何度か訪れ見慣れた廊下だ。生活感はあるように感じるが、薄っすらと積もった埃は人がしばらくいないのだろうと思われる様子であった。

やっぱりいないのかと思った咲さんが顔をあげようとすると、ぞわりと寒気が身体中を走り抜けた。

うまく身体を動かせないまま、もう一度ポストの奥の景色を凝視する。

暗がりの中じっと目を細めると、薄闇に浮かび上がるように弱った白い足が見えた。

――ああ、やっぱりおじさんが帰ってきているんだ。

そう思った咲さんの視線の先で、骨と皮だけになったような衰えた足が一気に目の前まで移動してきた。

ドアの目の前におじさんが立っている。

足音もしなかったたし、いつの間にこんなそばに来たのかは判然としないが、目の前におじさんがいる。しかしおじさんは、声を掛けてもドアを開いてくれない。

「おじさん、電気大丈夫？　身体はどこも悪くない？」

声をかけて耳を澄ますと、おじさんは小さな声で何かを呟いていた。

『おばぁの写真を探してくりょ、どこさいったか、わからん』

おじさんの言葉を聞き取ると、咲さんが答えた。

「えっ？　おばさんの写真？　仏壇のところにないの？」

『おばぁの写真……仏壇……』

そう呟くと足はふっとどこかへと消えていった。

咲さんは、泥棒みたいな覗き方しちゃったなと思いながら家に帰る。

妙に寒気が止まらないので、その日は帰ったらすぐに布団に入る事にした。

それから数日後、居間に母親と二人きりになった時、咲さんはおじさんの事を思い出して話を切り出した。

「そういえばお母さん、おじさんの事なんだけどさ。なんだか凄く弱ってるみたいで……」

言いかけた咲さんの言葉を遮るように、母親が口を開く。

「隣のおじさん、亡くなったんだって」

「えっ、でも私ちょっと前に……」

つい先日話をしたばかりなのに、どうして……。

言葉を失っている咲さんに、母親が続けて言った。

「おじさんね、先月亡くなったみたいなのよ。もう歳だったもんね」

その言葉に咲さんは混乱した。

咲さんがおじさんと言葉を交わしたのは、ほんの数日前なのだ。

という事はあれは……と思ってみると、あの弱り切った足は生きているように見えなかった気もする。歩く足音さえも聞こえてこなかったのは、今考えてみても不思議だ。

顔を見る事もなかったし、そもそも咲さんの夜の写真撮影はかなり遅い時間の日課である。

普段ならおじさん一家は眠っている時間帯であった。

「後から思った事なんですが、おじさんは忘れものを取りに来たのかなって。おじさんとおばさんは凄く仲良しで、理想の夫婦でしたから。おばさんの写真は宝物だって、元気な頃におじさんが言っていた事もあったくらいで」

きっとそれを取りに戻ってきたんだな、と咲さんは考えている。

ただ、今でも住む人もいなくなり電気も止まったあの部屋から、たまに明かりが漏れている事があるのだという。

「遺族の方も遠方で、コロナのせいもあってしばらく来られないって言っていたそうなんです。それなら、あの部屋に点く明かりはなんなのかなって。一体あそこに誰がいるんでしょうか」


（二〇二二年　九月二十一日　大崎にて採話）

四人居た

「高校二年の夏に、友達三人と地元では有名な心霊スポットである『ホテルK』に行く事になったんですよ」

商社に勤める鵜飼さんが、数年前の出来事を話してくれた。

「なんとなくなんですが、自分はそこに行くのが凄く嫌だったんですよ。でも、心霊スポットに行く事も含めた友人たちとの小旅行計画自体はとても楽しみだったので、ついていく事にしたんです」

鵜飼さんを含めて四人の高校生グループは、夏休みを利用して旅行計画を立てていた。

その計画のひとつが、前述の心霊スポット探訪であった。

誰がそこを見つけてきたのかは、今では覚えていない。

「当時、心霊スポットに入る許可なんて取っていなかったので、今思えばただの不法侵入なんですが」

苦笑交じりに鵜飼さんが言う。

鵜飼さんたちは宿泊先であるホテルに荷物を置くと、すぐに今は廃墟となっているホテルKに向かった。近くにはバス停もないので、タクシーを呼んで目的地のそばまで運んでもらい、そこから探索が始まる。

夕暮れから夜に移ろうような時間帯であったという。


しかし、この心霊スポットが曲者であった。

入り口は壊され、壁には落書きなどもされているボロボロの廃ホテル。

庭であったと思しき場所は雑草が生え放題で、それは膝上まで伸びていた。

歩くたびに、夜の闇にガザガザと草をかき分ける音が響く。

背の高い草を掻き分けて、闇の中に入っていくような行進。

今にも何か出てきそうな雰囲気に、鵜飼さんの友人たちは大はしゃぎしていた。

元々霊感のあった鵜飼さんだけは、嫌な予感が拭い切れず暗澹とした気持ちであった。

入り口を潜りホールに出て、フロントを見て回り、階段を上りカギの壊れた部屋を見つけては覗いていく。

建物は埃を被り、全体的にまるで薄っすらと雪でもまぶしたような場所であった。

フロントはまだなんとかその体を保っていたが、部屋は滅茶苦茶に荒らされている。

地元の不良たちのたまり場になっているのかもしれない。

友人たちはベッドに付着した汚れを懐中電灯で照らしだしては、すげぇ、こわっ、などと盛り上がる。

カビだらけの浴室ではしゃいで記念写真を撮っている。

懐中電灯で照らされた友人たちの顔はなんとも楽しそうであった。

鵜飼さんだけが、取り残されたように彼らのノリについていけない。

というのも、鵜飼さんにはホテルに入ってからずっと聞こえていたものがあったのだ。

「探索中もずっと見知らぬ声や気味の悪い音が聞こえてて、そのうちはしゃぎまくっていた友人たちも静かになったんです」

鵜飼さんが様子が急変した友人たちにわけを訪ねると、彼らは口々に言った。

何かが聞こえる。

誰かが話しかけている。

どこからか視られている気がする。

どうやら、普段は霊感やそういった類のものを持たない、信じていない彼らにも奇妙な現象が訪れ始めたらしい。

怖くなった鵜飼さんたちは、探索も程々に切り上げ、廃ホテルを出てタクシーに降ろしてもらった場所まで戻った。そして、帰るために再度タクシーを呼んだ。

「でもタクシーも夏休み期間の夜の営業ですから、来るのに二時間くらいかかるとの事で」

近くのコンビニで時間を潰す事にした鵜飼さんたちは「怖かった」「ヤバかった」と言い交わしていた。

ふと、鵜飼さんは自分が右手に何かを握っている事に気が付いた。

廃ホテルを出る時に、無意識に何か持ってきてしまったのか――。

嫌な予感に包まれながら自分の手を見てみると、何やら着物の切れ端のようなものを持っている。

気持ち悪いと思って友人にそれを見せると、友人たちもそれぞれに手に何かを持っていた。

一人は髪の毛。

もう一人は人形の頭。

残る一人は丸まった紙切れだったという。

「皆本当に青ざめちゃって、持って来ちゃった物はコンビニのゴミ箱に捨てました」

ようやくタクシーが来て、鵜飼さんたちは慌てて車を呼んだ場所まで戻った。


ひとしきり話した鵜飼さんが、息を吐いて言う。

「それで、ここからなんですが……」

鵜飼さんが言うには、ここから起きた事は未だに自分たちでも全くわからない。

何がどうなっているのか、整理が付かないのだそうだ。


タクシーとの待ち合わせ場所に戻った鵜飼さんたち。

タクシーの運転手さんが、それを見つけて後部座席のドアを開いてくれる。

逃げ込むように乗り込んで、鵜飼さんはすぐにその場所を離れてその日泊まるホテルに向かってくれるように頼んだ。

タクシーが走り出す。

運転手さんは、行きに鵜飼さんたちを乗せてくれた人と同じ方であった。

心霊スポットは怖かったでしょう、などと話しかけてくる運転手さんに相槌を打ちつつ、皆で震えてホテルに到着するのを今か今かと待っていた。

そしてホテルまで着いたタクシーに支払いをしようとした時に、助手席に乗っているはずの友人がいない事に気がついた。

まさか慌てすぎてコンビニに置いてきてしまったのだろうか。

急いで連絡を取ろうとスマートフォンを取り出したが、何故か置いてきた友人の連絡先が見つからない。

メッセージアプリを起動して、その中で旅行計画用に作っていたグループをクリックする。しかし、その参加者リストにも友人の名前がなく、招待した覚えもないUnknownと表示されたアカウントがあるだけであった。

鵜飼さんは焦って、運転手さんに「コンビニに一人置いてきてしまったかもしれないので、戻って貰っていいですか?」と尋ねた。

だが運転手さんは首を捻り「送った時も帰ってくる時も、君たちは三人だったよ」と言った。

四人居た

「ますます混乱しちゃって。でも泊まる予定のホテルは四人部屋がとってあったし、間違いなく四人で来たんですよ」

四人で来た。それは間違いないはずだ。

残った三人とも、その認識は共通している。

けれど、誰一人としていなくなった友達の顔も名前も思い出せない。

結局、旅行も中止して鵜飼さんたちは翌日に地元へと帰った。

もしかしたら、もうひとりの友人も先に帰っているかもしれない、という思いもあったのだ。

地元に戻ってから、鵜飼さんたち三人は協力していなくなった友達の家に行ったり、友達と仲が良かったクラスメイトを尋ねて歩いたりした。たしかここに住んでいた、あいつと仲が良かったという記憶はあるのだ。

「けど、誰も友達の事を覚えていないんですよ。友達の住所を訪ねてみてもお寺とお墓がある場所で……。自分でも不思議な気持ちになったんですが、残った二人もやっぱりもう一人居た事はしっかり覚えているので、間違いないはずなんです」

今になっても、もう一人誰がいたのかは思い出す事ができない。

その時旅行に行った三人で集まると、いつもいなくなった友達の話になり、結局答えは出ないまま終わる。

「先日同窓会がありまして。何か手掛かりがあればと、学年中の出席者に話を聞いて回ったんですが、やっぱり誰も覚えていないみたいで」

あの時自分たちは一体誰と旅行していたのかは、どうしてもわからないのだという。


（二〇二二年　二月二日　恵比寿にて採話）

あとがき

はじめまして、またはお久しぶりです。緒方あきらです。

この度は拙著をお手に取ってくださいまして、誠にありがとうございます。

前作（二〇二〇年秋）のあとがきではコロナ禍の異様な風景について触れましたが、世は相変わらずコロナの被害を受け続けております。

一時は行動制限や学校の休校、リモートの導入など人の動きを抑制するような政策も取られ、不自由な時間を過ごした方も多かったかと存じます。

この行動制限などから浮かび上がってきた怪談というものも、本書にはいくつか収録されています。移動が禁止されている中、不幸があり誰もいなくなった空き家に灯り続ける明かり。休校になったはずなのに、いつもと同じように聞こえてくる児童の声。

それ以外にもリモートワーク中におかしな姿が映り込んだ事例もありました。

それらはコロナという非常事態によって偶発的に世の明るみに出た、日常では気付かない怪異であり違和感であり、異変なのです。

裏を返せば、それらの出来事は誰もが日常と感じている中に潜んでいるという事でもあります。怪談は、常にあなたの傍に存在しているのかもしれません。

生活様式が否応なしに変えられた今こそ、冷静に周囲を見渡してみてください。その中にはもしかしたら、当たり前と見過ごしてきた何かがあるのかも——。


また今回、取材を進めていく中で、神社の空き地で奇妙な構造物を見つけその中に引き込まれたという話もいくつか頂きました。

私自身、近所の神社を数か所回ってみましたが、残念ながらそういった構造物に出合う事はなかったです。ただ、ひとつ気がついた事は、神社には不思議と使途不明な空き地がすぐそばにあるという事です。

神社の空き地が心霊的にどのような意味を持つのか、今後も調査したいと思います。

その外には前作に引き続き、金縛りのお話が多く寄せられました。

じっと動けないものから部屋中を引き回されるまで、金縛りは今回もバリエーションの多い怪異として、沢山の体験談を伺う事ができました。

また、今回は昔体験したお話、ご先祖様が体験したお話なども多く寄せて頂き、多くの発見がありました。話者様も語るのが難しいであろう昔のお話を紐解いてくださいまして、本当に感謝に堪えません。


寝起きに見かけた影、隣の家の住人、友人の家、いつも使う横断歩道に駐車場。通っている墓所、自分の寝室、マンションやビル、神社に仏閣、お不動様。

怪異は至る所に存在し、時にふっとその姿を現します。

何事もなく過ごしたい方は、微かな違和感を覚えても決してそれに深入りしない事をお勧めいたします。それでもなお、怪異を手繰ってしまったら……是非ともそこで出遭った怪異譚をお聞かせ頂けましたらと思います。


本書を書きあげるにあたり、多くの方々にお力添えを頂きました。

二度目の機会を下さり、全面的にサポート頂きました担当編集のO様。大変お忙しい中、

あとがき

一緒に本書を制作して頂き、誠にありがとうございます。

素敵なカバーデザインを仕上げて下さいました橋元様、感謝申し上げます。

いつも支えてくれる家族へ、本当にありがとうございます。

執筆を共にする友人たち。皆が書籍を成功させて、どんどん大きな存在になっていきます。私も取り残されないように、食いついて行きたいです。また飲みましょう。

そして何より、本書を書きあげるにあたり数々の心霊体験をお寄せ下さった皆様に、改めまして御礼申し上げます。皆様のお力なくして本書が形になる事はありませんでした。

本当にありがとうございます。これからもどうぞよろしくお願いいたします。

二〇二三年　二月

緒方あきら

実話忌譚 怪口伝

2023年3月6日　初版第一刷発行

著者……………………………………………………………………緒方あきら
カバーデザイン………………………………………………橋元浩明（sowhat.Inc）

発行人…………………………………………………………………後藤明信
発行所……………………………………………………………株式会社　竹書房
〒102-0075　東京都千代田区三番町8-1　三番町東急ビル6F
email: info@takeshobo.co.jp
http://www.takeshobo.co.jp
印刷・製本……………………………………………………中央精版印刷株式会社